SOPA DE LLIBRES

Mallorca, 45, 4a planta. 08029 Barcelona
Telèfon 932 172 054. Fax 932 373 469
barcanova@barcanova.cat
www.barcanova.cat

Disseny: Manuel Estrada

Projectes: Sara Moyano
Edició: Montse Ballaró
Maquetació: Míriam Corchero
Assessorament literari: Pere Martí

Primera edició: març de 2010

ISBN: 978-84-489-2562-8
Dipòsit legal: B-3689-2010

Imprès a Gràfiques 92, SA
Av. Can Sucarrats, 91
08191 Rubí
Printed in Spain

Set desitjos
i un regal

SOPA DE LLIBRES

Maria Àngels
Juanmiquel

Set desitjos i un regal

Il·lustracions
de Lucía Serrano

BARCANOVA
EDITORIAL

Per a en Jaume i la Consol,
mestres que estimen els llibres

ÍNDEX

1. Ocell de gàbia 11
2. En Marc té una iguana 15
3. Ensopit! 19
4. Clara, tu... 25
5. Un globus 31
6. Un camaleó 39
7. Ni cas! 51
8. Una bicicleta 57
9. Tres dies... a casa! 69
10. Un palau per visitar 75
11. No entenen res! 85
12. No m'espereu a dinar 93
13. Caigut del cel 105
14. Adrià Cellatallada 115
15. Dues i una 127
16. Vull anar-me'n al pol! 133
17. Hola, com va? 143
18. Tamahaqs 151
19. Una en blanc 161

1

OCELL DE GÀBIA

L'Adrià és un vailet com molts de la seva edat. Estatura mitjana, ni gras ni prim, cabells de raspall molt curts i negres, ulls de color marró fosc, orelles més aviat grosses i ulleres de muntura vermella al damunt d'un nas petit.

No és ni més llest ni més soca que la majoria, és un bon company en els jocs i no li agrada buscar raons. Però cada vegada que algú prova de fer-se'n amic ho ha de deixar córrer. Per ensopit. No és que sigui un antipàtic, ni un cregut. És curt de paraules. I amb la mateixa tossuderia que alguns parlen pels descosits, ell s'estalvia totes les que pot.

A l'escola i a anglès es fa amb en Marc, gairebé tan callat com ell; mai no va a casa de ningú ni convida ningú a casa seva, i a entrenament de tenis, diu poca cosa més que «hola» i «adéu».

El que no sap ningú, perquè ha decidit que és cosa seva i els altres no n'han de fer res, és que el pare i la mare el tenen al pis com un ocell de gàbia. Ell prou que vol volar-ne, obrir-ne una mica la porta o tenir-hi, si més no, algun animaló que li faci companyia. Però no se'n surt.

Els seus pares, si no són de viatge, tenen reunions fins molt tard o es tanquen a treballar al despatx o han d'estar per algú important. Coses de la feina. La mare fa reportatges per a la televisió i el pare és directiu d'una gran empresa d'informàtica. I no tenen temps. No poden dur-lo o anar-lo a buscar aquí i allà, ni estar pendents de si convida algú a casa ni, per descomptat, ferse càrrec de cap bestiola.

I l'Adrià, cansat d'intentar-ho una i altra vegada, mira de no rumiar-hi gaire i es desfà amb les paraules justes de qualsevol que se li acosti, per no haver de donar explicacions.

Per això quan, l'endemà de proposar-ho la mestra, han de portar a classe una foto de les seves mascotes o les mascotes si no fan gaire més d'un pam, sap què ha de fer. Punxat per una espina que porta clavada fa temps, entra a l'escola amb una mà a cada

butxaca i es desfà de qualsevol pregunta amb quatre paraules ben curtes: «No en tinc cap.»

En Tian porta un hàmster de pèl blanc i musell rosat en una gàbia amb jocs de coloraines espectacular, la Maria penja al tauler de suro una fotografia ben gran del seu gos d'atura, en Pere explica que té dos conills a cals avis, en Pep duu la pell de la serp d'un oncle i l'Ester meravella tota la classe amb una cotorra de bec vermell fosc, que no para de xisclar. Com més animalons i fotografies surten, més moix està l'Adrià.

Però el que el deixa més tocat és la fotografia d'una iguana magnífica que en Marc desplega davant de tothom. Tant que havia insistit a casa que volia una bèstia semblant a aquella, després que la mare li portés un llibre d'un dels seus viatges, sense aconseguir que li fessin cas!

2

En Marc té una iguana

L'Adrià torna de l'escola de mal humor. Aturat al replà de l'escala de casa, furga la butxaca de la motxilla per treure'n la clau, entra al pis, penja la caçadora a l'armari de l'entrada i, veient que el pare és a l'estudi, se n'hi va amb el cap baix.

—Hola.

—Hola. Ha anat bé avui? —El pare amb prou feines treu la vista de l'ordinador.

—On és la mare?

Espera uns segons la resposta i hi torna.

—I la mare?

Abans que el pare li contesti, un cop de porta els diu que la mare acaba d'entrar.

—Hola, rei, ja ets aquí? —fa sense alè, amb el portàtil penjat en bandolera i bosses plenes de menjar a cada mà.

—Avui havíem de portar mascotes o les seves fotos a l'escola —ataca emmurriat.

—Obre, fill...! —La mare s'esforça a encertar la maneta de la porta de la cuina amb el colze—. I què heu portat?

—Jo, res. No en tinc cap, de mascota, jo —mastega donant-li un cop de mà.

—I els altres?

—Els altres de tot: conills, hàmsters, gossos, gats...

—Tot això?!

—En-Marc-té-una-iguana! —Enganxa les paraules i les recalca perquè a la mare no se li n'escapi ni una.

—Ah, sí?

—I diu que a la botiga on la van comprar hi va veure un camaleó.

—Ai, no hi tornem, eh? Avui no, rei. Fixa't l'hora que és. I tenim convidats a sopar.

El pare no triga ni dos minuts a tancar l'ordinador i a anar també a la cuina.

—Qui rondina...? —Mira les bosses, cofoi.

—Vull un camaleó! En Marc té una iguana, en Tian un hàmster, en Pere dos conills...

—Ja et vaig dir que els camaleons han de viure en llibertat —el talla la mare, que acaba de fer un reportatge sobre la venda d'animals.

—I una iguana? O un gos...? O un gat...? Un hàmster...! Ni un peix...? —Quan veu la cara del pare i la mare es va desinflant.

—Si fos per tu, tindríem la casa plena de bèsties...! —El pare riu i fica el nas en una de les bosses—. Quedarem bé, Judit?

—No tindríem la casa plena de res. Només en vull una, de bèstia!

—No, Adrià. Ni parlar-ne! No ens en podem cuidar. No tens prou coses amb què entretenir-te? Encara donaríem més feina a la Clara.

—De segur que a ella no li faria res!

—Ja en té prou de tenir la casa neta, de fer el menjar i d'estar per tu. Sort en tenim! Apa, afanya't a berenar i surt de la cuina, rei. Hem d'endreçar tot això i acabar de preparar el menjar. Tu soparàs abans. Vés a fer les teves coses i ja et cridarem. Àlex, si us plau, posa el vi en fresc.

—Almenys podríem anar algun dia al zoo! —prova amb el pare.

—Ja hi anirem...

—Dissabte!

—Tenim entrades per a un concert.

—Doncs l'altre dissabte!

—Tampoc. He d'acompanyar uns empresaris xinesos.

—Doncs amb la mare!

—Ui, no puc! —La mare el treu del mig del pas—. Dissabte que ve no l'altre he d'agafar l'avió a la tarda.

L'Adrià se'n va botit a l'habitació, deixa caure la motxilla al costat de l'escriptori i llança una mala mirada a les quatre parets.

De coses, no li'n falten. Té l'últim model de consola, tele de plasma, DVD, minicadena, un reproductor multimèdia que seria l'enveja de qualsevol i un superportàtil de pantalla tàctil, amb la millor connexió a Internet i programes i jocs que li instal·la el seu pare, d'última generació. I no parlem dels llibres que atapeeixen les prestatgeries, ni dels jocs i les capses per construir tota mena de robots i vehicles amb motor, que omplen la part de dalt de l'armari i els dos calaixos de sota el llit.

Però l'únic que s'estima de debò són dues col·leccions de llibres que té en un prestatge, entre l'escriptori i la capçalera del llit. Una parla d'exploradors que han viatjat pels diferents llocs de la Terra i explica, amb fotografies i dibuixos magnífics, com s'hi viu ara i com s'hi vivia abans. L'altra és d'històries de fantasmes que s'empassa amb delit, amb els pèls de punta i una esgarrifança al clatell.

3

ENSOPIT!

Quan el criden per sopar, l'Adrià es menja la verdura i el peix mentre el pare i la mare s'arreglen per rebre els convidats, i se'n va a dormir amb un petó a cadascú i un «bona nit» petit.

No té son, ni ganes de mirar la tele i l'ordinador l'avorreix. Vol, sobretot, omplir el cap amb alguna cosa que li faci oblidar el mal humor. Es posa el pijama, tria un atles amb viatges d'exploradors arreu del món del prestatge de llibres preferits i s'asseu al llit. En passa els fulls, fins que la son li esborra els mapes i les fotografies. Llavors, el deixa amb les ulleres a la tauleta, fa un badall i apaga el llum.

Tan bon punt acluca els ulls, comença a ballar-li dins del cap una llumeta petita, tremolosa i flonja com un angelet de marge. No hi fa res que clogui les parpelles ben fort i que es tapi amb els llençols fins al nas, perquè l'angelet segueix voleiant i agafa de mica en mica la forma d'un hàmster de pèl suau i musell rosat. Tot d'un plegat, l'hàmster es fon i ocupa el seu lloc un gos d'atura juganer i, després, el verd esmunyedís d'una serp, i dos conillets molsuts, i... Tot el repertori de mascotes de la classe li desfila rere els ulls adormits, sense deixar-se atrapar. Fins que apareix la cotorra de bec vermell de l'Ester, que es nega a anar-se'n, tossuda.

Instal·lada a la seva gàbia metàl·lica, se'l mira de reüll, estarrufa satisfeta les plomes verdes i, fent-se la mestressa del seu son, es posa a xisclar tot d'una sense manies.

—Kii-ik! Kii-ik! Kii-ek!

L'Adrià es tomba de costat d'un bot i es tapa amb el llençol. No deixarà que aquella poca-solta li esguerri la nit. Però l'ocellot vinga, xerra que xerra.

—Kii-ik! Pansit! Kii-ik! Pansit!

«Pansit? Ha dit pansit?» Venta un mastegot en l'aire, provant de desfer-se del malson. La cotorra calla de sobte i l'espia, ben quieta i tibada, amb el seu ull groc.

Ha de reconèixer que és un ocell ben guapo. Les plomes, lluents, li van del verd fosc al grogós, té la part de sota de la barbeta

negra, el bec vermell fosc i, a la part superior del cap, un collaret rosat.

—Kii-ik! Ensopit! Kii-ik! Ensopit! —hi torna quan menys s'ho pensa, clavant-li la vista descaradament a cada «ensopit».

És ben clar que la cotorra s'està fument d'ell. «Ensopit? Si està sol i pansit o s'avorreix com una mala cosa, ella què n'ha de fer?» Ja en té prou. No deixarà que un ocell tan fastigosament antipàtic com bonic

li prengui el pèl sense manies. I encara que pugui semblar-li la cosa més ximple del món, així li ho deixa anar.

—I a tu què t'importa? Ets una cotorra insuportable! No tens res més a fer que xerrar i xerrar?

—Per què vull fer una altra cosa? A part d'això i d'assegurar-me que estic sempre ben guapa, no m'he de preocupar de res més. —Es neteja el pit amb la punta del bec.

—Podries escapar-te i voltar pel món, tu que tens bones ales.

—I per què hauria d'escapar-me? No ho veus, que se m'esbullarien les plomes?

La cotorra s'espolsa una ala.

—Per veure llacs gelats, rius impressionants, boscos espessos, prats que no s'acaben mai, castells i cabanes; per saber què guarden llocs antics i amagats, seguir els vaixells, conèixer altres ocells...

—Ui, quina feinada! No tinc ganes de cansar-me! I si m'embruto? Ves qui parla! —Se li'n riu a la cara—. I tu què fas a casa tancat?

—A mi no em deixen!

—Perquè ets un ensopit!

—Perquè no em deixen! —salta enrabiat—. No puc anar enlloc amb el pare i la mare. Ni convidar ningú a casa ni... I tu què n'has de fer?! Estan enfeinats!

La cotorra estira una mica les ales com si s'espolsés l'avorriment i segueix la seva taral·la.

—Kii-ik! Pansit! Kii-ek!

L'Adrià ja no pot més.

—Vols callar d'una vegada?! —Li llança el primer que arreplega de la tauleta de nit.

—Ak, ak, ak!

Fuig esverada, al mateix temps que l'Adrià obre els ulls. Encén una mica el llum per assegurar-se que a l'habitació no hi ronda ni una mosca, cull el despertador que acaba de llançar per terra, el torna a apagar i s'adorm abraçat al coixí.

4

Clara, tu...

Es passa uns dies rosegat pel somni de la cotorra poca-solta. «Ensopit? Si no anem mai enlloc! Ni puc quedar amb ningú...! Ni tan sols em deixen tenir una mascota...!» Només li falta haver de veure aquell reguitzell de fotografies d'animalons penjat a la classe.

I a sobre, l'Ester l'ha convidat a una festa per celebrar que ha tingut un germà! Una festa! Precisament l'Ester! Qui li pot dir que no amb aquell somriure d'orella a orella i aquelles cues rossetes que fan venir ganes de tocar-les amb la punta dels dits? És clar que li agradaria anar-hi! I la seva cotorra xerraire sabria que no és cap ensopit! Però agafa aire abans de contestar per no semblar massa sec i li diu amb veu apagada:

—No puc. Gràcies.

A casa va d'un costat a l'altre com un pardal que s'hi hagués esmunyit dins per una finestra i no en sabés sortir. Bada darrere el balcó de la sala, treu el nas a la cuina, entra al lavabo, en surt, repassa el calendari atapeït d'anotacions de l'estudi... Fins que, cansat de rondar, es tanca, moix, a la seva habitació.

El pare i la mare, de bòlit com sempre, no li fan cas. Però a la Clara no se li escapa que té un rau-rau a dins que no el deixa estar.

—Ja tornes a ser aquí? —Riu deixant la planxa quieta quan el veu treure el nas al rentador.

La Clara és un tros de dona. Alta i apersonada, és més a prop dels cinquanta que dels quaranta. Té uns ulls clars petits i vius,

voltats d'arruguetes, el nas força gros, les orelles ben fetes amb arracades de quincalla vistoses i una rialla de pam en una cara de galtes grosses i rosades. Porta els cabells, castanys i blancs, tallats molt curts amb una rasta al clatell. «Cua de rata», en diu la mare, que no se'n sap avenir que, tan neta i polida com és, sempre amb una olor de roses molt fina, gasti tan poc en roba informal de colors virolats.

—Vinc a llençar això. —Deixa un tub de cola gastat al cubell groc de la brossa.

—I doncs? No pares d'anar amunt i avall...

L'Adrià arronsa les espatlles i es queda mirant com planxa.

—Que em vols ajudar? Em sembla que t'avorreixes.

—Me'n vaig a jugar —Se'n torna.

La Clara el deixa fer. Si ell no vol, no li estirarà ni una paraula. Ja xerrarà quan en tingui ganes, que, a vegades, prou que es descabdella.

Per això li agrada a l'Adrià. Ja fa uns quants anys que treballa a casa. La mare diu que és una sort que la hi recomanés una amiga. Però la mare ignora el que de veritat té de bo la seva cangur. No és solament que faci la feina com ningú i que es quedi amb ell quan els pares no hi són. És, sobretot, la manera de ser prop seu sense estar-li a sobre. Per això se l'estima tant. Perquè quan és a casa amb ell sembla que no hi sigui i, en canvi, l'omple tota sense fer nosa. En té prou de saber que és a la cuina, o al rentador, o fent neteja o estudiant… Perquè, tot i ser més gran que la mare, s'ha posat a estudiar una carrera. I encara que el pare li digui que estudiar filosofia segurament no li servirà de res, ella se'n riu. I li contesta que, si s'ho passa bé estudiant una cosa que li agrada, prou que li serveix.

Quan la Clara entra a l'habitació de l'Adrià amb la roba planxada, se'l troba davant d'un escampall de dinosaures de goma i amb el cap als núvols.

—Tu, em deixaries anar a una festa dissabte a la tarda? —diu com si res quan ja acaba d'endreçar la roba a l'armari.

—No ho sé. Potser sí, potser no… Això ho has de dir al pare i la mare… Qui és que fa una festa?

—L'Ester. Ha tingut un germà.

—Que maca l'Ester que t'hagi convidat!

—Sí que és maca…! Però de segur que no m'hi deixaran anar…

—Per què no els ho demanes? —Deixa un moment la feina i se'l mira, dolça.

L'Adrià arronsa les espatlles.

—Eh que a tu no et faria res que tinguéssim un animaló a casa?

—Si tu te'n fessis càrrec... Però això no és cosa meva... —Riu.

—En Marc té una iguana! I l'Ester, una cotorra... —se li escapa tot seguit abaixant la veu.

—Una iguana...! I una cotorra? Les cotorres xerren massa! Són unes poca-soltes mandroses i presumides. No se'ls ha de fer mai cas.

La Clara tanca les portes de l'armari, li pica l'ullet i surt de l'habitació.

Gens convençut, l'endemà fa el cor fort i parla a la mare de la festa pel germà de l'Ester.

—Adrià, no hi tornem. Ja saps que dissabte me'n vaig i el pare té feina. No pot ser.

5

Un globus

Divendres a la tarda, sortint d'anglès, no està d'humor ni per parlar amb en Marc.

—Vas d'excursió amb bicicleta demà? —fa per dir alguna cosa mentre caminen plegats pel tram de vorera que els separa del cotxe de la mare del seu amic.

—Al matí fem una sortida per entrenar. Ens estem preparant per pujar a Montserrat. I a la tarda... hi ha la fes... A la tarda, estaré tan cansat que segurament no aniré... enlloc. —En Marc es mossega la llengua per no ferir-lo.

—És clar... —Travessa el carrer, agraït que el seu amic s'afanyi a ficar-se al cotxe.— Adéu!

L'Adrià camina capbaix per la plaça solitària de davant de l'acadèmia d'idiomes, ventant coça a cada pedreta que ensopega i rumiant en la festa de l'endemà a casa l'Ester. Tot d'una li sembla sentir una mena de «pfffuu, pfffuu» sobre seu. Fins que no sent el «pfffuu, pfffuu» per segona vegada, no es decideix a aixecar el cap. Una cistella enorme balla tranquil·la, quasi fregant les fulles dels arbres, suspesa cel amunt per un globus de mil colors impressionant.

Tanca els ulls, enlluernat pel sol que s'amaga rere els teulats, però els torna a obrir de seguida. Dins de la cistella, s'hi entrelluca un home. Un home amb quatre cabells blancs. Va embotit en una roba fosca, i se li endevina una panxa considerable quan aixeca els braços per donar més força al cremador del globus i fer-lo pujar.

L'Adrià es queda plantat mirant enlaire. Encantat davant d'aquell globus magnífic que es passeja pel blau del cel, desitja, com mai no ha desitjat res, una cosa: «M'agradaria volar cel amunt per veure el món i explorar què n'amaguen tots els racons.»

El globus deixa anar un altre «pfffuu, pfffuu» i s'enlaira de pressa. Alhora, una ombra petita voleia des de la cistella cap avall. «Li ha caigut alguna cosa», corre per entomar-la. L'agafa al vol i mira el cel amb un paquetet a la mà. El globus és tan amunt que tot just sembla una pilota de colors.

Dóna un cop d'ull a banda i banda i, abans que ningú no tingui temps de fixar-s'hi, s'amaga el paquet a la motxilla i segueix el seu camí amb el cor a cent.

Entra a casa sense fer soroll i s'esquitlla de puntetes a la seva habitació.

—Hola! Tens el berenar a punt. —La veu de la Clara l'atrapa al passadís.

—Hola...

Ha de fer marxa enrere cap a la cuina. Deixa anar la motxilla de qualsevol manera al costat de la taula, s'asseu davant la Clara amb mig cul fora de la cadira i clava queixalada a la barreta amb formatge.

—No t'hauries de rentar les mans...? —Se'l mira per dalt del portàtil, voltada d'una estesa de llibres i apunts.

—Estàs estudiant? —Se les ha netejat de pressa a l'aigüera.

—Dilluns tinc un examen. Tinc un examen —repeteix fent petar dos dits—. Ei, ets aquí?

—Examen...? I és difícil? —Dissimula apujant-se les ulleres nas amunt.

—Així, així...

—De què és? —S'aguanta les ganes d'escampar la boira.

—D'antropologia filosòfica. —La Clara riu.

—Ah... Quan arribaran el pare i la mare?

—No ho sé. El teu pare vindrà tard perquè té la visita dels xinesos a l'empresa... i la mare no m'ha dit res. No crec que trigui gaire.

—Me'n vaig a fer deures, que en tinc molts. —S'empassa l'última queixalada i arreplega la motxilla.

—Quina pressa...! Tens tot demà...

—M'estimo més fer-los ara. Així me'ls trec de davant i no hi he de pensar més.

Deixa la porta de l'habitació ajustada per controlar que ningú no l'enxampi, s'asseu a l'escriptori amb un llibre obert, un bolígraf i una llibreta amb una pàgina mig escrita i treu el paquetet de la motxilla.

Té la mida d'una postal. De fet, és una postal, però gruixuda com una capseta de no gaire més d'un centímetre, amb una pestanya per poder-la obrir en un dels costats. A sobre hi ha una fotografia i a sota, com en totes les postals, una meitat en blanc per escriure-hi i a l'altra...

L'Adrià ha deixat anar el paquetet com si enrampés. «Aquest sóc jo!» Es passa un parell de vegades la mà oberta pels cabells curts i negres i rellegeix l'adreça. Algú hi ha escrit amb molt bona lletra.

«Adrià Jonquera Bruguerola
C/ de Llafranc, 72, 1r 1a»

—Sóc jo...! —repeteix en veu alta, i es tapa de seguida la boca amb la mà.

Vigila el passadís per assegurar-se que la Clara no l'ha sentit i palpa la postal paquet, intrigat. «No hi ha res més escrit... Que estrany... Però el nom i l'adreça estan bé...» Es frega un ull per sota les ulleres, es grata l'orella i gira el paquetet altra vegada tremolant, per mirar més bé la imatge de davant.

Hi ha la fotografia d'un home alt. És força gran, té els ulls foscos vius, el nas llarg i cara de murri. Aguanta, amb el braç enlaire, una cortina de vellut vermell que tanca l'accés a una sala, com si invités a mirar dins.

«Aquest cap pelat...? I quatre cabells blancs...? Aquesta panxa...?» Sent que les cames se li fan de mantega al mateix temps que tot de gotetes de suor li mullen el front. «Aquest home sembla el del globus... Com va vestit!?»

Porta una mena d'americana negra que per davant només li arriba a la cintura i per l'esquena s'allarga fins al començament de les cames, uns pantalons ajustats fins a sota els genolls, també negres, mitges i sabates de cordons del mateix color i una armilla a joc amb l'americana, que amb prou feines deixa veure el coll blanc de la camisa.

La negror de la roba de l'home contrasta amb el vermell de la cortina i amb la claror de la sala que s'obre al darrere, lluminosa com un matí d'estiu. És una sala gran d'un palau antic, amb les parets plenes de pintures. Suspesos al sostre, semblen dansar-hi, com balancejats per un airet molt fi, un vaixell, un camaleó, una bicicleta, un palau daurat, un vestit de...

L'Adrià es frega els ulls. No en té cap dubte. Flotant dalt de tot de la sala, igual que mòbils de vaivé suau, hi reconeix els seus desitjos més ben guardats.

«No entenc res.» Es mor de ganes d'obrir el paquet, però no gosa fer-ho. «Si l'obro una mica, tampoc no pot passar gran cosa... Al capdavall, porta la meva adreça escrita amb lletra ben clara.» Desplega la pestanya i espia a dins. «Més postals?»

Quan sent que s'acosten els passos de la Clara, ja la té tan a prop que és just a temps de tancar el paquetet a corre-cuita i amagarlo sota la llibreta.

—La teva mare és aquí. Que no l'has sentida? Em sembla que vol anar a comprar amb tu.

—Ja? —Tapa la llibreta amb el braç.

Amb les presses, la fa córrer sense voler i deixa al descobert una punta del paquetet.

—I això...? —Als ulls de la Clara hi brilla un espurneig murri.

—Me l'he trobat... a... la bústia...!

L'agafa d'una revolada i el fica en un calaix, vermell fins a la punta del nas.

—A la bústia? Quan aquest matí n'he tret les cartes, no l'he... Vés a saber on tenia el cap! Fas bé de guardar-lo... —Se'n va riallera—. Fins demà!

—Sí, Adrià, sí que cal —el talla la mare quan intenta que vagin a comprar un altre dia—. Demà al matí he de fer la maleta i necessito algunes coses. Aprofitarem per comprar-te roba i calçat nous. Ve el bon temps i et fan falta.

Ha hagut de seguir-la tant sí com no fins que han tancat les botigues i després s'han quedat a menjar un kebab per sopar. Ha arribat a casa amb el temps just d'espiar el calaix amb un rosec a la panxa i de ficar-se al llit rebentat.

6

UN CAMALEÓ

L'endemà els dits li cremen de ganes d'obrir el paquetet. Però, com cada dissabte al matí, ha d'esmorzar de pressa i córrer perquè no se li escapi el microbús del club de tenis.

Quan en torna, amb la mare amunt i avall fent la maleta i donant instruccions a la Clara, no hi ha manera de tenir un moment de tranquil·litat. Decideix, doncs, carregar-se de paciència i deixar les postals per a després de dinar.

A la tarda, amb el pare finalment amb els empresaris xinesos i la mare camí de l'aeroport, veu l'ocasió de recuperar el paquetet i esbrinar-ne el contingut.

—Me'n vaig a mirar una pel·lícula. —S'assegura que podrà fer la seva durant una bona estona.

—D'acord. —La Clara està una altra vegada amb un munt de llibres i apunts—.

T'agradaria que preparéssim una pizza amb salsitxes i olives per sopar?

—Sí. Com vulguis...

Es fica a l'habitació, tanca la porta i, assegut a l'escriptori, treu el paquet del calaix. Ulla la foto de davant del paquetet i la seva adreça de darrere, obre la pestanya i treu amb compte el plec de postals que hi ha a dins.

Les agafa i les compta al revés. Es guarda per al final les ganes de veure si hi ha més imatges. «Una, dues, tres, quatre, cinc, sis, set i vuit.» Busca alguna pista. Vuit postals, sense res escrit i, si s'ha de guiar pel tacte fi de l'altre costat, amb una fotografia al davant.

Quan les gira de l'altra cara, queda amb un pam de boca. En la primera no hi ha res de res, és una postal totalment en blanc. La treu decebut de la pila i la posa a sota de tot. Amb això sí que no hi comptava! El cor li fa un salt que sembla que li ha de sortir desbocat.

—Bufa!! És fantàstic!

A la postal següent hi ha fotografiat un camaleó espectacular.

—Sembla ben bé de veritat!

Una rialla se li escapa per sota el nas. El record de la iguana d'en Marc, que el burxa de tant en tant com una espina que no vol sortir, se li fon de cop.

—Que guapo!!

Un camaleó de gairebé dos pams, la pell rugosa d'un verd llampant, quasi blau turquesa al cim del cap, se'l mira des d'una branca amb el seu ull sortit i rodó. Una cresta de dentetes punxegudes li ressegueix l'esquena fins a la cua cargolada com una espiral; també en té una altra de més fina a sota del coll i la panxa. Un escut impressionant li corona el sobre del cap i s'eixampla fins al darrere dels ulls.

—Ostres, si el pogués tenir tan a prop de veritat! —El toca amb el dit d'una punta a l'altra.

Repenja la fotografia en una pila de llibres i s'hi queda encantat amb els colzes damunt la taula, aguantant-se la barbeta amb les mans.

Llavors una idea comença a barrinar-li pel cap. Es treu les ulleres, se les neteja una mica, se les posa, es grata una orella...

—Sí que ho faré!

Endreça les altres postals a la capsa, agafa un bolígraf blau, gira la del camaleó i, sense pensar-s'hi ni poc ni molt, hi escriu al darrere amb lletra polida: «Vull veure un camaleó guapo com aquest de ben a prop! Adrià.»

—Quan el pare i la mare s'emmirallin al lavabo se la trobaran davant del nas! I si no en fan cas, els hi enganxaré al llit, o al microones, i si no a la tele...

Se'n va cap a la porta amb la postal i un trosset de cinta adhesiva a la mà, sense treure els ulls d'aquell camaleó fantàstic. Gairebé pot sentir l'olor d'humitat de les fulles que brillen molles de rosada al seu voltant.

Crec! S'ha aturat en sec tement que no el senti la Clara. Baixa els ulls per collir allò que ha trepitjat i deixa escapar la postal amb la mà enrampada. Encarcarat, amb el nas a un pam de terra, no sap què fer ni on mirar.

És al cim d'un tou de fulles. De sota l'esportiva esquerra, en sobresurt un branquilló. Aixeca el cap a poc a poc i fa un cop d'ull, encongit. Està envoltat de vegetació per tots costats. El camaleó l'observa ben quiet, amb la pell tenyida d'un rosat viu. Només que estirés la mà el podria tocar.

Amb el cervell a cent, prova d'explicar-se què està passant. Es penedeix mil vegades d'haver escrit res. «Tant de bo hagués perdut els bolígrafs! O se m'hagués trencat la punta al mateix moment d'agafar un llapis!

O se m'haguessin gastat de cop tots els retoladors!» Per què no s'havia conformat a mirar la fotografia de tant en tant?

—Vull veure la meva habitació... —deixa anar amb una veu prima com un fil, encara mig ajupit, fregant-se els ulls ben fort com si es volgués desfer d'un malson.

El camaleó ha tancat les parpelles com si allò no anés per a ell i deixa que se li apagui cada vegada més el color rosa de la pell.

Amb els peus clavats i tremolant, es posa dret i venta llambregada. Està encerclat de tantes plantes i d'arbres tan alts, que amb prou feines es veu el cel blau. Un concert de refilets i xiscles d'animals s'escampa entre el brancatge.

L'Adrià sotja cada fulla amb tots cinc sentits. La claror del sol, blanca i suau, en fa brillar un munt de verds diferents. Una frescor humida li esponja de mica en mica el cor i li va fonent la por.

—Apa...!

Estira el braç per tocar amb la punta dels dits un enfilall de campanetes de color rosa fluorescent que es gronxa davant seu. Fa la mà enrere amb una esgarrifança.

—Són cuques de color de flor...! —Es gira cap al camaleó.

Però l'esglai li dibuixa una ganyota als llavis.

—On ets?! —Escorcolla cada branca amb l'estómac a la gola.

«Era aquí», rumia. «No, era en una branca més gruixuda», s'hi repensa al cap d'un moment. «Era més a prop. Estic ben segur que...»

—Mira'l! On t'havies ficaaat!? —La veu li fa un gall.

—Si-fak! Si-fak! Si-fak! —salta un esvalot de xiscles a les brancades.

L'Adrià es tapa les orelles esglaiat i corre a aixoplugar-se del xàfec de crits sota uns matolls. Ajupit sota un sostre de branques, es treu un trosset de fulla de les ulleres, compta fins a deu, estira una mica el coll i explora els arbres. Una esgarrifança li recorre l'espinada de dalt a baix. Dotzenes de lèmurs, blancs i flonjos com un peluix, amb la cua llarga i molsuda, les orelles petites i la cara i la part de sobre del caparró marró fosc, el sotgen amb ullets vius.

Agafa alè i surt espaterrat en direcció al camaleó, entrebancant-se amb cada pedra i arrel, sense localitzar-lo.

—Ai, que no el veig! —mastega entre dents.

L'Adrià esbufega d'una planta a l'altra sense saber per on tirar.

—No m'ho facis això, eh?! —Busca de branca en branca.

Un llampec verd viu s'ha mogut entre dos branquillons.

—No t'escapis! —S'obre pas en l'espessor de plantes.

S'embolica amb una planta enfiladissa que li lliga el peu. Un batec d'ales, blau, blanc i platejat, s'escapa de la mata que li para la caiguda. Recupera l'equilibri, s'allibera de la liana i busca el camaleó amb l'estómac encongit. En un dels arbustos que tanquen una clapa neta d'arbres, s'hi ha amagat una lluïssor verda i rosada.

—Ja et tinc! —Es treu una punxa d'una esgarrinxada abans de llançar-s'hi.

Però s'atura de sobte. «Que guapos!» Tot de lèmurs de pelatge marró vermellós, amb la cara negra encerclada de pèls blancs i els ulls d'un groc viu, omplen les branques que hi ha a tocar de la clariana.

Un moviment petit de fulles l'alerta. «Ostres, el camaleó! Que se'n va!» La vegetació s'estreny tant que quasi l'ofega. No el veu enlloc. Les branques li piquen la cara i té la boca seca. «Què se n'ha fet?» A prop se sent un remoreig. Aparta uns matolls d'una braçada. Un rierol li talla el pas.

El riuet baixa net i manyac entre les pedres. S'hi remulla la cara, beu xarrupant amb les mans i es descalça per treure's una pedra de la sabata. Damunt d'una fulla hi dormisqueja una granota blava. Un ocell, gris fosc i taronja viu, es banya en una vora. Al seu costat, un pom de flors tremola com un vol de papallones liles i blanques.

L'Adrià reconeix que és en un lloc bonic com no ha vist mai. Però se sent perdut i enredat pel camaleó de la postal.

—I ara què faig? —Llança la pedra a l'aigua.

Una branca seca s'ha mogut al corriol que s'enfila en zig-zag per la paret de roca que tanca l'aigua a la riba contrària. «Un tros de branca que es mou?» Es protegeix del sol que l'enlluerna amb la mà. «El meu camaleó!»

Es calça a corre-cuita, salta per les pedres que sobresurten del rierol i s'enfila caminoi amunt arrapat als sortints cantelluts.

—Ho fas expressament? Tan descolorit no se't veu!

Arriba fins a dalt amb les cames fluixes i els ulls que li fan mal de tant escorcollar cada pam de camí, sense trobar res més que rocs. El corriol es perd per una plana gairebé pelada sota el cel roent. Escampades ací i allà, creixen tot de plantes boterudes de capçada raquítica.

—Què és això?!

Al capdamunt del tronc botinflat tenen amb prou feines quatre branquetes escabelllades, cadascuna amb un manyoc de fulles i flors de color groc.

—Semblen elefants de panxa enlaire...! Són magnífiques... —Les mira, les toca, les flaira, oblidant-se de tots els mals.

Amb les galtes enceses, agafa un branquilló sec per rascar-se una cama i es troba a les mans un insecte. Se'n desfà d'una revolada i s'asseu en una pedra amb els braços plegats.

—Ja en tinc prou! Qui en vol saber res, de camaleons?! Tant me fa si el sol em rosteix en aquesta pedra i acabo dissecat com una sargantana! No penso fer ni un pas més!

El retruny d'un tro darrere seu el fa aixecar d'un bot. Uns núvols grassos i negres avancen de pressa pel cel i enfosqueixen la plana.

—Ai, mare!

Corre a arrecerar-se al costat d'una planta elefant i tanca els ulls, espantat per un llampec. Quan els obre, descobreix el camaleó, verd llampant, blau turquesa i rosat, que l'observa sorneguer a dos pams dels peus.

—A fer punyetes! —S'hi gira d'esquena amb un cop de cul.

Unes gotes grosses i seguides li mullen l'esquena i li esquitxen els vidres de les ulleres. Es cargola amb els braços agafats a les cames i entoma el ruixat. Espetega un altre tro.

Cric, cric, cric...! Reconeix aquest so. És el repic de la pluja als vidres, aixeca una mica el cap. Un llampec il·lumina la seva habitació. Ja s'ha fet fosc. Encén el llum i corre a abaixar la persiana, però s'atura en sec. A terra hi ha la postal. Els passos de la Clara a l'altre cap del passadís el fan decidir. La cull just en el moment que s'obre la porta.

—És hora de fer la pizza... T'ha agradat la pel·líc... Però on vas tan moll? Que tenies la finestra oberta? Ostres, que guapo! —Veu d'esquitllentes la postal.

El camaleó, la cua cargolada, cresta punxeguda i escut al cap, se'ls mira ben quiet des de la fotografia amb el seu ull sortit i rodó.

—La volia donar al pare i la mare... —La deixa damunt de l'escriptori com si cremés.

—Bona idea! Va, dutxa't i canvia't. T'espero a la cuina.

L'Adrià se'n va a la dutxa amb el cap que li bull. «Què ha passat?» Frega amb la mà plana la paret del passadís com si tingués por que desaparegués d'un moment a l'altre.

Però quan està a punt d'entrar al lavabo, recula, tossut, a agafar la postal i la cinta adhesiva. «De tota manera, l'enganxaré al mirall perquè se la trobin!»

7

Ni cas!

Tot diumenge al matí està pendent de la postal enganxada al lavabo. Però el pare, res de res. «Va de bòlit amb els xinesos. Potser quan torni al vespre...», rumia estirat al sofà, quan el veu marxar a la tarda sense haver-li'n dit ni ase ni bèstia.

—Què et semblaria anar a veure un partit de bàsquet dels bons? —La Clara li estronca un badall.

—Bé... —Arronsa les espatlles.

—He aconseguit un parell d'entrades.

No sap com s'ho fa la Clara, però sempre està al cas d'algun lloc per passar-s'ho bé. Un amic o amiga li ha passat unes entrades, o li ha parlat d'un circ, o d'una fira, o d'una festa, o ha llegit al diari o a Internet que...

—I els teus exàmens?

—Ja n'hi ha prou d'estudiar! Repassaré una mica quan tornem.

—De segur que tenies ganes d'anar-hi amb algú altre i et toca estar amb mi tot el diumenge a la tarda. —Romanceja capmoix.

La Clara se'l mira sense dir res i li dóna la mà perquè s'incorpori.

—Clara, tu tens molts amics?

—Uns quants. —S'ha assegut al seu costat—. Amb uns vaig al cinema o a algun concert, amb altres fem cap a mar o a muntanya, o anem de viatge... Però també m'agrada anar a la meva. I com que visc sola i puc triar —el collaret li ha saltironat sobre el pit quan s'ha posat dreta—, m'agradaria, si en tens ganes, anar a veure el partit amb tu. Què et sembla?

L'Adrià fa que sí amb el cap amb un somriure per sota el nas.

—Doncs espavila't. Vés-te a canviar que farem tard. No em perdria per res un partit com aquest!

Quan tornen al vespre i veu que el pare ja és a casa, se'n va de dret al lavabo. «Ha agafat la postal!», corre a la sala.

—Hola, pare. Fa gaire que has arribat? —Se li planta al davant.

—No gaire. Sort que ja tenim els visitants fora. D'on veniu?

—Hem anat a veure un partit de bàsquet.

—No el feien per la tele?

—No és el mateix!

—No, és clar... I com ha anat?

—Molt bé. Han guanyat els nostres!

—Els nostres? Des de quan t'agrada el bàsquet?

—Vull dir els de la Clara...

—Ah... Ja ho entenc... Vols mirar la tele?

Li fa lloc al seu costat i segueix llegint.

«No me'n dirà res?» Es queda dret davant seu com un estaquirot.

—Que no seus?

«De segur que li ha caigut a terra davant del nas i l'ha llençada pensant-se que era un paperot.» El deixa amb el diari i se'n va botit a l'habitació.

Quan hi entra i veu la postal ben posada damunt del llit, l'agafa decebut amb la punta dels dits i la clava amb una agulla al tauler de suro. «El pare ni s'hi deu haver fixat. Vés a saber si no ha estat la Clara, qui me l'ha deixada aquí...»

L'endemà, tan bon punt arriba a l'escola, es troba l'Ester esperant-lo amb una bosseta taronja a la mà.

—Té. Com que no vas venir, te'n porto una. —Li somriu.

Sense tenir temps de donar-li les gràcies, se'n va corrents cap al seu grupet d'amigues. La mà de l'Ester és calentona i les trenes rossetes li brillen amb el sol del matí. L'Adrià se'n va a classe amb la bosseta a la motxilla i, a l'hora del pati, cadascú s'afegeix a un joc diferent.

L'obre tan bon punt arriba a casa. Hi ha tot de llaminadures i un gatet tigrat de fusta amb el nom del germà de l'Ester i la data del seu naixement. «Li hauria de donar les gràcies.» El posa de seguida en un prestatge.

Després de rumiar-s'ho una estona, engega l'ordinador, desplega la llista d'adreces electròniques de la gent de la classe i, procurant ser agraït però sense semblar massa entusiasmat, li escriu: «Hola Ester. Gràcies per les llaminadures i pel gatet. M'hauria agradat venir a la teva festa. Adrià.»

Mentre prepara les coses per anar a classe d'anglès, sona l'avís del correu: «De res! Ester.»

«Si el pare i la mare no estiguessin tan enfeinats, podria convidar-la amb en Marc i un parell més de la classe pel meu aniversari. Ja falta poc, i una festa no estaria gens malament», rumia camí de l'escola d'idiomes. Però de seguida s'ho treu del cap. Llavors el ronda una idea: «Potser el pare i la mare no m'han dit res de la postal perquè em volen donar una sorpresa... Potser em regalaran un... No, un camaleó de segur que no. Un gosset ja m'estaria bé... O un gat...» Intenta no embalar-se. «I si és un viatge...?»

8

UNA BICICLETA

L'Adrià es mira el calaix on guarda el paquet de postals un dia i un altre, sense atrevir-se ni a acostar-hi la mà. De tant en tant, espia el camaleó, rumiant l'estranya aventura que li va portar, però com que ni ell mateix no se l'acaba de creure, mira de no pensar-hi. I tot segueix com sempre. Els pares de bòlit i ell fent la viu-viu, encara que una mica trasbalsat.

Però avui estan de celebració. És el seu aniversari. El pare i la mare són tots dos a casa i, com que s'escau en dia de festa, han convidat els avis a dinar.

A l'Adrià se li passeja un cuc per la panxa. Per primera vegada en molt de temps es fa il·lusions amb el regal. Encara que hagi de bufar deu vegades les espelmes del pastís perquè surtin bones fotos... Encara que els avis li preguntin una vegada més per l'escola... Encara que...

Havent dinat, quan s'adona del paquetet que el pare li deixa damunt la taula, mentre l'àvia s'acosta a taula cofoia amb el pastís de xocolata i les espelmes enceses, es desinfla de cop.

—Per molts aaanys!!

—Bufa! Va, bufa! Però què fas tan seriós? Espera't, Àlex, no facis la foto encara. Per molts anys, rei! —La mare es posa al seu costat i li fa dos petons—. Ara! Bufa!

—Vinga! A veure si surt bé! Judit, no te li acostis tant.

L'Adrià bufa amb totes les ganes per enllestir-ho de pressa. Quan desembolica el paquetet i li surt l'últim model d'un mòbil espatarrant, no sap quina cara fer.

—Perquè ens puguis localitzar sempre que vulguis —diu la mare, cofoia.

—I perquè puguis parlar amb qui et doni la gana —afegeix el pare, picant-li l'ullet.

—I fer fotos!

—I jugar!

—Gràcies, pare. Gràcies, mare. —Força un somriure.

—Que no t'agrada?

—Psíí...

—Si és un mòbil fantàstic! —La mare no pot entendre tan poc entusiasme.

—T'agradaria més canviar-lo per una altra cosa? —L'àvia vol arreglar-ho.

—Un mòbil està molt bé —salta el pare—. N'ha de tenir un. Ara ja es fa gran.

—Em sembla que farà el mateix que tu quan et vam regalar la bicicleta —apunta l'avi—, que la vas deixar morta de fàstic al garatge.

—La bicicleta... Amb què ens surts ara? —El pare s'ha picat.

—Vés a saber si una bicicleta no li hauria fet més gràcia. No se t'assembla gaire, aquest noi. Un mòbil així a aquesta edat... Què vols que et digui —segueix l'avi, tossut.

—No sé pas què en faria, d'una bici.

—Home, doncs voltar! No, Adrià?

—Sí... Però com que diuen que al garatge faria nosa. I tampoc no hi sé anar gaire... —Abaixa la veu, avergonyit.

—Si tan bon punt veus les rodes d'una bicicleta ja t'espantes!

—Perquè, des que em vas treure les dues rodetes del darrere de la que tenia de petit, amb prou feines me n'has ensenyat ni me n'heu volgut comprar cap de gran!

—No sé pas què en faríem aquí a la ciutat! —s'hi fica la mare.

—I en Marc? Està apuntat a un club ciclista...

—Va, mengem el pastís. —L'àvia en planta un bon tros a cadascú davant del nas.

Així que els avis són fora, entra a l'habitació, entafora el mòbil a l'armari i agafa el paquetet de postals sense pensar-s'hi. En porta una de cap. Si a la fotografia del davant, voleiant al sostre de la sala entre els seus desitjos guardats, hi havia un camaleó... i era dins del paquetet... Potser, doncs, també hi ha... Les treu decidit i les obre en forma de ventall.

—Sí! —En fa seguir una amb el dit.

La deixa una mica lluny pel que pugui ser i endreça les altres. Una bicicleta llampant, grisa i vermella, rodes gruixudes, és recolzada a la paret blanca i assolellada d'una casa, sota uns finestrons de color lila tancats.

—Això és una bicicleta com cal!

Guaita la postal amb unes ganes terribles d'escriure-la als seus pares i penjar-los-la al marc d'un quadre, o a la maneta d'una porta o al rentaplats!

Però no agafarà cap bolígraf encara que se'n mori de ganes. Amb la del camaleó, va quedar prou escaldat.

Un raig de sol que s'escola per la persiana fa brillar la bicicleta amb tantes ganes, que li fa la rateta a la paret que té al costat.

—No m'enredaràs pas! —deixa escapar segur d'ell mateix.

Un bufarut mou la persiana i la taca de claror salta de la paret al pot de llauna ple de llapis que té al davant.

—Ja pots anar fent... —Mira de reüll la bicicleta.

L'Adrià fa el distret amb les peces d'una aeronau que està muntant. Un nou reflex li llisca per sobre els dits.

—Busca'm!

Però els ulls se li'n van de sobte al manillar. Com és que no se n'havia adonat? Hi ha penjat un casc de color blau elèctric, espectacular.

—Bufa!

Va per agafar la postal, però n'aparta la mà de cop.

—Vine'm al darrere! No em fumeràs, no!

Però el reflex de la bicicleta, vinga burxar-lo, i aquell casc blau llampant...

L'Adrià no se'n pot estar. Arreplega un llapis en un rampell, gira la postal i hi escriu amb traç gruixut i ferm: «Això sí que és un bon regal! Adrià.»

No ha acabat ni de posar l'accent a la *a*, que es troba encamellat al seient de la bicicleta, amb el casc posat.

Empipat per no haver sabut tenir els dits quiets, va per treure-se'l ràpidament, però s'arrapa aterrit de seguida al manillar.

—Vull baixar ara mateix d'aquí dalt!!

La bicicleta, ni cas. S'aparta tranquil·lament de la paret, baixa la vorera amb un petit sotrac i comença a rodar per un carrer de cases amb finestrons de colors vius, amb l'Adrià a cavall.

Quan veu que aquella cosa amb dues rodes es posa en moviment, s'hi agafa amb totes les forces amb els peus eixancarrats.

—Pots fer el favor d'aturar-te?!

La bicicleta, xino-xano com si res.

—T'he dit que vull baixar! —crida amb els ulls esbatanats.

Aferra el manillar tan enravenat que la roda del davant comença a fer ziga-zagues. El carrer va de dret a una placeta. Al mig de la placeta, una font de quatre brocs omple d'aigua transparent una pica rodona. Veient-s'hi de cap, mira de controlar els pedals.

—A poc a poc! —Posa el peu al dret—. Ai! —Un cop de pedal li rasca el turmell esquerre—. Ara! —Se'n surt a la segona.

Procurant que els pedals no se li escapin, es veu amb cor d'afluixar les mans just a temps de vorejar la font i ficar-se per un carreró guarnit de geranis.

De mica en mica, se sent el cul més còmode, els braços segurs, l'esquena més lleugera. Al cap de no res, la bicicleta deixa el poble enrere i agafa un camí de bosc, lleugera com una cançó. Un airet fresc li eixuga la suor del primer esglai, i se li esvaeixen les ganes de rondinar.

A la primera baixada, quan es veu amb el front i la barbeta per davant del manillar per culpa d'una frenada, aprèn que les bicis volen suavitat. A la pujada, inclina el cos endavant i fa força amb les cames.

—El canvi de marxes. He de canviar de marxa —deixa escapar entre esbufecs—. I com...?!

El camí es va enfilant i la bicicleta no tira. Incapaç de baixar-ne sense prendre mal, palpa la palanca amb el dit gros de la mà dreta.

—En Marc va explicar-m'ho un dia... Amb aquest dit cap aquí... Pedalo... I l'esquerra? Què faig amb l'esquerra...?! Això és molt difícil! —remuga entre dents.

Cric-creec.

—Fallada! —deixa anar amb un fil de veu.

La bicicleta perd pistonada i les cuixes li queden travades.

Cric-crrraac.

—Ai, que això no va! Tornem-hi.

Cric, crac-crac!

—Ara!

La roda de davant tira amunt sense batzegades. L'Adrià pedala i pedala, per por que, si no ho fa, acabin aterrant.

Just a punt d'arribar a dalt, una punxada li enrampa la cuixa, li rellisca el peu i cau de quatre grapes amb la bicicleta entre les cames. S'asseu bufant i empipat.

—Ara que començava a sortir-me'n —rondina traient-se els granets de sorra que se li han clavat en un genoll.

Es neteja la pelada amb saliva i s'eixuga la suor del front. Són dalt d'un planell amb una clapa de pins. Un ventet perfumat li ve de cara. Respira fondo i fa visera amb la mà. Fins on li arriba la vista, el paisatge és florit de cap a cap. Regues i més regues d'espígol de flor blau violeta sota el cel clar. L'Adrià s'aixeca de cop, obre els braços i estira la punta dels dits provant d'atrapar l'olor que li arriba de tots costats. Ara ja sap quina flaire fa el cel blau!

I, sense pensar-s'hi dues vegades, recula a agafar la bicicleta, s'assegura que no ha patit cap dany i s'hi enfila d'una revolada. Pedala pels corriols que es perden entre els turons, omplint-se de la seva flaire, com si no s'hagués d'aturar mai. Si és un tros planer, la bicicleta xino-xano i anar fent. Si fa pendent, canvi de marxes, fre, manillar segur, com si ho hagués fet tota la vida. Es deixa anar per una baixada forta, cada vegada més confiat. La bicicleta s'embala. El vent li afina la cara i li frega les orelles amb un remoreig.

—És fantàstic! Ieeep!!

Massa tard! La roda de davant topa amb un roc, la bicicleta es desequilibra, fa un capgirell, surt disparat i cau tan llarg com és. Plof! Alguna cosa tova ha esmorteït la patacada. Busca amb les mans i s'arrapa al que troba. Obre els ulls i... està abraçat al cobrellit.

Es palpa de cap a peus, comprova que no li falta cap tros i que no té res trencat, es repassa les dents amb la llengua per si n'ha perdut alguna i, segur que encara està ben sencer i que les ulleres no han sofert cap mal, s'adorm com un soc.

Fa estona que la mare el crida per sopar.

—Adrià...! Adrià, rei...! Que no em sents? Què fas a sobre el llit? Que no et trobes bé? Mare de Déu! Com te l'has fet, aquesta pelada al genoll?

—No... No ho sé... M'he rascat amb la tauleta.

Mentre sopen, no diu ni piu en tota l'estona. Té un munt de coses en què pensar. Però el pare i la mare, acostumats a veure'l amb la boca tancada, no en fan cas.

Havent sopat, mentre estan asseguts al sofà, l'Adrià, tossut de mena, s'escapa a buscar la fotografia de la bicicleta i els l'enganxa al llum de l'estudi, més convençut que mai.

9

TRES DIES... A CASA!

Passa un dia, en passa un altre i la postal de la bicicleta segueix penjada a l'estudi sense cap resultat.

Una tarda que se n'hi va decidit a treure-la d'una revolada abans que es desenganxi morta de fàstic, descobreix la mare al passadís amb la postal a la mà, parlant amb la Clara.

Amagat darrere la porta de la sala, escolta què li diu i es prepara per a un bon assalt.

—En saps res, d'aquest acudit de l'Adrià?

—Quin acudit? —La Clara fa l'orni.

—Això d'escriure'ns postals.

—No me n'ha dit res. Són maques, no?

—Sí... No entenc què espera... Com que no se surt amb la seva... Hi torna, a veure si així...

—Es fa sentir —apunta la Clara.

—Com si no tingués prou coses! Ves amb què ens surt! L'hi pots deixar a la seva habitació? Ah... i hauríem de parlar d'aquest pont de maig... —L'Adrià escolta amb les orelles ben dretes—. Comptem amb tu de dijous a diumenge.

—Diumenge volia anar al poble a veure la família... Però ho deixaré per a un altre dia.

—Vaja... És que l'Àlex serà a Alemanya i jo també marxo... I si el diumenge a primera hora del matí deixessis l'Adrià a cals avis? Em sembla que aquests dies no se'n van. L'Àlex el recolliria a la tarda quan arribés...

—Sí, ja em va bé.

Ha sortit de darrere la porta tan cremat que gairebé s'emporta el pare, que ve pel passadís.

—Tres dies de festa i he d'anar com un paquet amunt i avall? Per què no fem com les altres famílies i marxem plegats?!

—Ostres, rei...! M'has espantat...

La mare fa un gest al pare de «tenim un problema i a mi se'm fa tard», mentre la Clara s'escapa amb la postal.

—Noi, la feina ens obliga a ser fora de casa... —El pare prova de sortir-se'n.

—Els dies de festa també? Els pares dels altres sempre tenen els dies de festa per fer el que els doni la gana!

—Només és pont aquí! I els pares dels altres —la mare es comença a enfilar— tenen una feina de dilluns a divendres que no els fa viatjar tant, i per això els dies de festa tenen ganes d'anar aquí i allà. Prou que, sempre que pot, el pare s'emporta feina de l'empresa i treballa a casa.

—Tancat a l'estudi!

—Ja ens agradaria reposar més. Massa que voltem...!

—Vosaltres sí, però i jo què, eh? Mai no anem enlloc junts. Els de la classe cada cap de setmana se'n van amb els seus pares i sempre tenen un munt de coses per explicar! En canvi, jo...

—Tingues paciència... Algun cap de setmana podrem sortir junts. Eh, Judit? —El pare busca amb els ulls la complicitat de la mare—. Tria un lloc on t'agradaria anar.

La mare clava un cop d'ull al rellotge i fa un gest impacient.

—Allà on sigui! Ja us ho he dit, on vull anar! A veure llacs, animals, muntanyes, castells... Un palau! En Marc en va visitar un amb els seus pares i la seva germana que...

—Castells? No sé si és bona idea. Encara et perdríem darrere d'un fantasma...! —El pare riu divertit.

—Ai, Àlex, deixa't de bromes! Ja en parlarem un altre moment, que ara faig tard!

—Espera'm. Jo també vinc! Et prometo que més endavant en parlarem. —Li pica l'ullet—. Ja farem alguna cosa...! Pots deixar-me amb el cotxe a prop de casa els Colomar? —Agafa la caçadora i surt corrent darrere la mare.

«Et prometo que... Més endavant... Un altre dia...» Escolta, empipat, el soroll de l'ascensor.

—T'agrada aquí? —Es troba la Clara a l'habitació enganxant la postal de la bicicleta a prop de la del camaleó.

L'Adrià arronsa les espatlles.

—No t'hi enfadis. Estan molt enfeinats. Algun dia et donaran una sorpresa.

—Pots comptar! Primer fan veure que sí, el pare em fa alguna brometa i llavors se'ls en va del cap. —Agafa un llibre de fantasmes del prestatge.

—Saps que al meu poble hi ha una casa que diuen que és encantada? —Es corda bé una arracada i se'l mira rient.

—Hi has entrat?!

—No, jo no. Però sé quina és. Expliquen que, fa molts i molts anys, algú hi va passar molta gana. I que si mai t'hi quedes sol i no corre ningú a prop, encara pots sentir una veu llastimosa que et demana un tros de pa.

La Clara se'n va amb la bossa de la roba bruta i el deixa arrepapat a la seva butaca, amb un llibre il·lustrat amb fantasmes que algú assegura haver vist.

10

UN PALAU PER VISITAR

Tots els dies que queden per al cap de setmana del pont, fa morros. En fa a casa, a l'escola, perquè a ningú no se li acudeixi preguntar-li si anirà enlloc, i fins i tot a l'aparador de l'agència de viatges de la cantonada.

Només se li fon el mal humor amb en Marc, poc xerraire de mena si no és per parlar de bicis. I amb l'Ester, amb qui no es pot enfadar si li explica que anirà al delta de l'Ebre i li pregunta què farà ell amb un somriure tan dolç. I quan li contesta que res, perquè el pare se n'ha d'anar a una fira a Alemanya i la mare, a fer un reportatge al Marroc, li brillen els ulls d'una manera, que gairebé se'n sent orgullós.

Arriben els tres dies de pont, i es queda a casa amb la Clara, ensopit i empipat com mai.

—Aquest matí tinc feina, però a la tarda, si vols, podem anar al cinema o a patinar... M'han dit que hi ha...

—Tant me fa!

—I si no, demà. Fan aquella pel·lícula de...

L'Adrià no la deixa acabar.

—Agafem un passatge d'avió i ens n'anem tots dos!

—Vaja, quina bona idea! Sense saber-ne res els teus pares?

—No crec que ens trobessin a faltar...

—Això no ho diguis més. —S'ha posat seriosa—. Saps que sí, que et trobarien a faltar i els donaríem un bon disgust! Vinga, deixa'm treballar i ja em diràs si vols que sortim aquesta tarda o demà.

Però l'Adrià, amagat al fons d'un calaix, té un paquetet amb postals. I entre aquestes —n'està quasi segur—, hi ha un palau... «Que siguin allà on vulguin, el pare i la mare! Jo tinc un palau per visitar!»

I és que, quan comences a agafar gust a estirar un fil, ja no pots deixar de fer-ho, encara que no puguis saber del cert si et seguirà només el trosset que tu vols o si se t'escaparà el rodet i t'hi quedaràs embolicat.

Obre el calaix, separa les sis postals que hi queden i en treu la d'un palau daurat.

«Potser no sempre funciona.» Agafa el bolígraf amb un tremolor a la punta dels dits. «I si falla alguna cosa?» Se li fa un nus a l'estómac.

És la fotografia d'un pati rectangular, molt semblant al d'un llibre desplegable que li havien regalat un any per Nadal. Al mig del pati, hi ha un estany també rectangular resseguit per un camí de marbre blanc, que tremola amb el rajolí de dos sortidors, un a cada extrem. L'aigua emmiralla els arcs i les columnes del fons del pati i la paret tota daurada. L'arc del mig és més gran. Després de l'arc, hi ha una porta oberta, i, més enllà, una finestra dividida per una columneta deixa veure la verdor d'un arbre.

«Al capdavall, només és una postal.» Comença a escriure sense pensar-s'hi més. «Tinc ganes de ser en un palau!» Quan va per posar la *A* d'*Adrià*, punxat per la brometa que el pare li va fer uns dies abans, no es pot estar d'afegir-hi amb lletra més petita: «Encara que hi hagi fantasmes. Adrià.»

Llança el bolígraf i clava els ulls a la fotografia arrapat a la cadira amb totes dues mans. Es mira tan embadocat el reflex dels arcs dins l'aigua, que quasi li sembla sentir el borbolleig del raig dels dos brolladors i

l'olor de les plantes de fulla petita i flor blanca del voltant.

—Ei, tu! Què fas?

«Ja hi som!» Es tapa els ulls amb les mans i separa a poc a poc els dits per assegurar-se que el cap no l'enreda. Nota el contacte d'una superfície dura a les cuixes. Palpa el seient i espia al voltant. Està assegut en un banc de pedra. La paret que té al costat està decorada amb rajoletes que dibuixen ocellets de paper de colors vermell, blanc, groc, verd i blau.

L'Adrià guaita amb cangueli sense moure's ni un pèl. «Quin silenci!» Escolta el murmuri de l'aigua amb els ulls ben oberts i el cor a cent. El vent porta una remor de fora. «Semblen crits... Crits de baralla?... I aquest soroll... Com si xoquessin objectes de metall...!» Un tremolor se li enfila per les cames i el fa posar dret.

—Surt! Fuig de seguida! No et quedis aquí encantat!

És la veu alarmada d'una noia. Sembla parlar amb ell, però s'esforça a no fer-ho gaire alt.

A passets, com si trepitgés vidres trencats, s'acosta a una de les portes que s'obren al pati. Hi treu el cap, indecís.

Les parets són boniques com una blonda. Hi ha roba fina de colors vius amuntegada enmig de coixins de pell suau. Els mobles, d'una fusta molt adornada, estan tombats i als plats de ceràmica blanca i verda encara hi ha restes de menjar. «Sembla com si algú hagués fugit corrents.»

De sobte, entra per una finestra el renill d'un cavall. L'Adrià salta fora de l'habitació espantat. Els crits són més a prop. I, n'està ben segur, se sent soroll d'espases.

—No t'entretinguis més! Vés-te'n de seguida! No veus que pots prendre mal? Escapa't ara que pots! —La veu de la noia surt de darrere una gelosia que tapa una finestra de les habitacions de més amunt.

—Però on som? Què està passant? —vol saber l'Adrià, esverat.

La noia triga uns instants a contestar. Quan ho fa, sembla sorpresa i un pèl desconfiada.

—Com pot ser que no reconeguis la fortalesa que guarda el palau daurat i els jardins més bonics que s'hagin vist mai? Em sembles un noi ben estrany. Com és que no has fugit cames ajudeu-me amb els teus, en lloc de quedar-te aquí encantat?

—I tu?!

—Jo espero el meu pare. És el cap de la guàrdia. Si hem de fugir d'aquest palau i d'aquesta ciutat, que sempre ha estat nostra i ara ens volen prendre, em vindrà a buscar.

Els crits i el soroll de la lluita li pessiguen la panxa amb el cuc de la por, però una ànsia encara més forta se li enfila per les cames. Han de sortir d'aquell lloc abans no sigui massa tard.

Sense pensar-s'ho dues vegades, travessa una habitació com la d'abans i puja al pis de dalt. Una noia de la seva edat se'l mira ferma. Va vestida amb una túnica fina de color lila clar, cenyida a la cintura amb un cinturó blau, i un vel blanc, encara més fi, li baixa del cap fins a les espatlles per sobre d'uns cabells llargs i arrissats d'un castany molt clar. Els seus ulls, d'un marró quasi daurat, es fixen sorpresos en les esportives blanques i els texans.

—No et pots quedar aquí. Ens n'hem d'anar!

Un xiscle proper els fa córrer cap a la finestra. El soroll de la lluita ja ressona dins dels jardins del palau.

—Hem de sortir ara mateix! No veus que, si t'agafen, ni el teu pare no et podrà salvar? —Estira decidit la noia per un braç.

Corren pel camí de plantes de fulles oloroses que voreja l'estanyol. Unes veus s'acosten des del fons. Han de recular. Dos homes, amb bombatxos, túnica curta i turbant al cap, es defensen, amb un escut rodó i a cops d'espasa corba, de les espases rectes i tallants de soldats amb armadura al pit, casc i una creu vermella dibuixada a l'escut rectangular. És una lluita feroç. Aviat s'hi afegeixen

més homes, hi ha crits, les armes xoquen, els escuts paren els cops i estan tacats de sang. L'Adrià i la noia es donen la mà esglaiats.

—Vine! Sé una sortida amagada. Un criat fidel m'hi espera amb els cavalls a punt i tot el que cal per fer el viatge fins a l'altra banda de mar.

Però l'Adrià rep un cop al front que el tomba de costat. Sent que les cames se li afluixen. La noia s'atura sobresaltada i fa un pas enrere.

—Vés! Escapa't!

Ella dubta un moment, però no pot fer res més que fugir cap a l'amagatall. A l'Adrià li roda el cap. Se sent caure i busca amb la mà les rajoletes de colors que té darrere. La paret s'enfosqueix i els sorolls de la lluita van quedant lluny.

Quan la Clara el descobreix amb el cap recolzat sobre l'escriptori i un fil de sang a la cella, s'espanta de debò.

—Com te l'has fet aquest trenc?

—No ho sé... M'he ajupit per collir el bolígraf i m'he ventat un cop amb el cantell de la taula. —S'empesca a corre-cuita, amagantse la postal a la butxaca de darrere els pantalons mentre la Clara desembolica un paquet de mocadors.

—Déu n'hi do! Qualsevol diria que has rebut en una baralla... Has de vigilar! —Clava un cop d'ull al paquet de postals que hi ha damunt de l'escriptori mentre li eixuga la sang—. Anem a curar aquest trau i t'hi posaré un pegat.

—Clara, tu t'ho creus que se senten veus en aquella casa del teu poble? —pregunta atordit aguantant la coïssor de la ferida.

—Jo no hi he entrat mai. Uns veïns diuen que només hi corren les rates. Però això no vol dir que algú no hagi pogut sentir les veus. Diuen que hi ha un món dels esperits i que a vegades proven d'acostar-se'ns. Vés a saber! —Li neteja el tall amb cotó fluix.

—Vaig llegir que, en alguns llocs, hi queda el rastre de les persones que hi han estat. I d'alguns animals també! Ai!

—Ja quasi estic... Hi ha qui creu que algunes veus, remors, flaires, desitjos no acomplerts... poden quedar anys i més anys suspesos en l'aire o empresonats en les pedres o agafats en un objecte. Esperen que algú els pugui sentir o entendre, per ajudar algun esperit o per ser-nos útils a nosaltres... Vinga, això ja està. Treu-te aquesta roba tacada de sang.

A l'Adrià li ballen tantes coses pel cap que els pantalons han anat a parar a la bossa de la roba bruta, amb la postal a dins. No se'n torna a recordar fins que arriben al vespre del circuit d'aventura que un grup d'esplai ha muntat en un pavelló. Quan descobreix la Clara traient la roba que s'havia embrutat de la màquina de rentar per posarla a l'assecadora, li costa molt tenir les mans quietes per no agafar-la-hi d'una estirada. «La postal!» Es mossega els llavis per no dir res. «Se l'ha empassada la rentadora feta trossets.»

11

NO ENTENEN RES!

Fa uns dies que a l'Adrià se'l veu més estufat, menys ensopit.

—Vols entrepans de carn arrebossada per a demà? —El pare remena la truita de patata i ceba que es menjaran per sopar.

—Sí. Amb enciam i tomata.

—I per beure?

—Aigua.

El pare es gira estranyat.

—Les altres begudes em fan set.

—Pots donar-me el plat amb la carn que hi ha a la nevera i un ou? Agafa una poma per a postres.

L'Adrià se'n va cap a la nevera i arrufa el nas. Hi ha enganxada una nota de la mare. «No m'espereu per sopar. Judit»

—On és la mare?

—S'ha hagut de quedar a la tele per deixar a punt el reportatge del Marroc.

Quan s'acosta al marbre i veu de reüll la fotografia del palau daurat damunt la taula, ha de frenar les ganes d'agafar-la d'una revolada.

«D'on ha sortit?» Deixa la carn i l'ou al costat del pare i se'n va a buscar la poma.

Encara no s'ha pogut treure del cap la noia valenta del palau daurat. «Vés a saber si s'ha pogut escapar amb el seu criat», rumia, «o si encara ronda pels passadissos de la fortalesa esperant el seu pare.» La mà se li'n va cap a la cicatriu fina del front, que quasi li parteix la cella dreta.

—Que et fa mal?

—No. Una mica de picor. Puc batre l'ou? —Se sent atrapat.

—Sí, fes-ho. Després remulla-hi el llom i passa'l pel pa torrat. Vés amb compte amb la sal. On m'has dit que aneu amb l'escola?

—A Banyoles i els voltants.

«M'asseuré al costat de l'Ester a l'autocar. Què li diré?» Es posa una mica vermell. «Potser no li havia d'haver dit que sí. Si en Marc no s'hagués afanyat tant a contestar que ell ja s'asseuria amb en Tian quan m'ha preguntat si volia anar amb ella...», rumia amb la forquilla enlaire.

—Que no em sents? Què hi fareu?

—Anem a veure unes coves, la vegetació de ribera i un museu —deixa anar d'una tirada com si el pare l'hagués enganxat fent una malifeta.

—Home, coves! De segur que t'agraden. Estan bé aquestes sortides amb l'escola...

—Sí... —Bat l'ou picant fort amb la forquilla, com si fos una feina que demana tota l'atenció.

—A Banyoles hi ha un estany molt gran. És bonic. No sabia que hi hagués coves.

—Són a dos pobles que hi ha a prop. Al matí en veurem unes del paleolític. I ens quedarem a dinar en una altra que es diu de les Encantades, que és del neolític. A l'estany ens hi aturarem a la tarda, abans d'anar al museu.

El cervell del pare, que encara està processant sense èxit «vegetació de ribera», ha d'afegir-hi «paleolític i neolític».

—I la vegetació de ribera? —fa saturat, sorprès pel doll de paraules del seu fill.

—Al riu Fluvià.

Quan el pare guarda els entrepans embolicats a la nevera i li demana que pari taula, agafa la postal i la recolza a la fruitera sense dir ni piu. S'asseuen a taula davant per davant callats.

Durant un minut llarg, no se sent res més que el dring dels coberts i el raig de l'aigua del gerro als gots.

—Amb la mare, estem d'acord que són postals ben maques —deixa anar de sobte el pare fent un cop d'ull a la del palau daurat.

Ha aixecat els ulls del plat com si les paraules hi haguessin caigut, fetes una bola pesant. «Vaja! N'han parlat amb la mare! Tot aquest temps l'han tinguda ells i no me n'han dit res!» No està segur si se n'ha de malfiar o si ha de creure que la seva tàctica comença a donar resultat.

—Era a la bossa de la roba bruta. No deus pas saber com hi va anar?

—Em sembla que me la vaig deixar a la butxaca dels pantalons.

Quan, amb el got a la boca, veu que el pare s'incorpora per agafar-la, beu a glopets per tenir temps de pensar. «Alerta a xerrar massa. Amb la mare, seria més complicat. Amb el pare sol, encara puc treure'n alguna cosa.»

El pare no troba la manera d'arrencar.

—«M'agradaria ser en un palau» —llegeix a poc a poc en veu alta, com si li costés entendre la lletra.

A l'Adrià, que no suporta la comèdia, comença a pujar-li la mosca al nas. «Es deu

haver esborrat una mica la tinta.» Es controla esperant el moment de dir-hi la seva.

—I no pas qualsevol! —Riu altra vegada, provant d'arrencar-li alguna paraula.

«Si continua fent brometes, malament. Per dir-me que estan d'acord que anem tots tres a algun lloc, no li cal embolicar-se tant», es malfia.

—És un palau de la Fortalesa Vermella. És molt antiga, però encara se'n conserven llocs molt bonics. També era famosa pels seus jardins. —Segueix tirant l'ham, el pare.

—Sí, ja ho sé.

—Hi vam anar de viatge amb els avis, quan era una mica més gran que tu.

—Ho veus? Si hi vas anar amb els avis, també hi podríem anar nosaltres.

—És clar. —El pare s'adona que la conversa no va cap on ell volia—. Us n'han parlat a l'escola?

—No. L'he vista.

—L'has vista?

—Sí. En aquesta postal... I en un llibre desplegable —contesta enfilat.

—Però em sembla que no hi ha cap fantasma. —Mira de guanyar-se'l, assenyalant amb el dit el que hi havia escrit en lletra més petita.

—Vés a saber! —deixa anar entre dents.

Després d'unes quantes queixalades amb els ulls clavats al plat, el pare hi torna.

—És una idea divertida això de les postals...

«Divertida?» Arrufa les celles.

—D'on les treus?

—Les tinc. —Es tanca en banda, veient per on va.

—Ah... —fa perdut el pare—. Si vols, et puc ensenyar algunes adreces d'Internet amb fotos de llocs...

—No vull fotos. Vull anar-hi!

—Però si amb l'ordinador arribes a tot el món...!

—En una pantalla! No vull que em portis el món a casa. Jo vull córrer món!

El pare l'envia a preparar la motxilla sense saber què contestar.

—A quina hora marxeu?

—A les vuit.

—Aniràs a l'escola amb el transport escolar?

—No. És massa aviat. També ens heu de venir a esperar quan arribem. Vaig dur un full que ho explicava.

—Ja t'hi portaré jo quan vagi a la feina. Al vespre vindrà a buscar-te la mare.

12

NO M'ESPEREU A DINAR

L'endemà, a l'autocar, es posen junts amb l'Ester, i en Marc i en Tian s'asseuen a l'altra banda de passadís.

—Em deixes seure al costat de la finestreta?

L'Adrià fa que sí amb el cap i s'aparta perquè pugui passar.

—Gràcies. —Li somriu, amb un espurneig als ulls de color marró clar. Porta un turbant ample i els cabells rossos deixats anar—. A vegades em marejo, però ja m'he pres una pastilla —afegeix de seguida, endevinant un punt de preocupació a la cara del seu amic—. Tu et mareges?

Sense adonar-se'n, del mareig surt una passejada en barca. Tots dos estan d'acord en com és de bonic mirar els peixos al fons del mar. Després, parlen de com els agraden els animals.

—Vull ser veterinària. I tu?

«Explorador!», està a punt de contestar.

—Encara no ho sé —diu per sortir del pas.

Han arribat a les coves en un obrir i tancar d'ulls. L'Adrià és dels primers a entrar a la de les Encantades amb l'Ester, darrere de la mestra, que els ha d'avisar un parell de vegades perquè els ha atrapat ficant el nas allà on no toca.

—Hi ha un bisó prehistòric! —crida un de més enrere en la fosca, apagant i encenent la llanterna en direcció a un bony que sobresurt de la pedra.

L'Ester s'agafa al braç de l'Adrià.

—No li facis cas! M'agradaria veure si es faria tant el graciós si se'n trobés un de pintat de debò.

—Tu n'has vist cap?

—Només en fotografia. Els avis em van portar un pòster d'un bisó dibuixat en una cova, amb una gepa enorme i banyes punxegudes, saltant ple de ferides de fletxa com si et volgués envestir!

—Au, tireu i no xerreu tant! —En Tian se'ls ha afegit—. Marc, véns?

—Jo ja en tinc prou. —Està assegut amb prou feines un metre endins de l'entrada—.

Aquí dins, que no m'hi busquin. Que si no veig el cel, no puc respirar.

L'Adrià arriba de l'excursió amb les fitxes plenes de dibuixos i apunts, brut i cansat de trescar, els ulls brillants i el pit eixamplat. Tan bon punt treu la motxilla del maleter de l'autocar, la mare l'estira cap a dins del cotxe mal aparcat, sense temps de dir adéu a ningú.

—Hola, rei. Com ha anat? —Li fa dos petons, s'asseu darrere el volant i es corda el cinturó de seguretat.

—Molt bé. Hem... —vol explicar tantes coses que no sap per on començar—. Primer hem anat a...

—Corda't el cinturó. Però què fa aquesta?

Una conductora treu el cotxe fent marxa enrere al mateix moment que la mare tira endavant.

—Que no veus que estic sortint?! No es pot badar!! —Li fa un gest amb l'índex a l'ull.

L'Adrià, mort de vergonya, fa adéu a l'Ester, que el saluda des del cotxe que ha tret de polleguera la mare.

—I doncs, on dius que heu estat? —El mira pel retrovisor.

—A la cova... —Es dispara la musiqueta del mòbil.

—Espera un moment. Sí...?

Intenta explicar-se entre dues trucades més, després d'una esbroncada al conductor d'un autobús que els ha barrat el pas i mentre estaven aturats a l'últim semàfor abans de casa. Quan són davant la porta del garatge, tanca la boca, arronsa les espatlles a una pregunta de la mare i no l'obre més.

—Me'n vaig a dutxar. —Ha deixat la bossa del menjar sobre el marbre de la cuina—. M'agradaria sopar aviat —afegeix picat.

—Ja tens gana?

—Una mica.

Després de dutxar-se, buida la motxilla, romanceja una estona i se'n va a sopar.

—M'ho expliques o no, com ha anat l'excursió? —La mare revisa la llista de la compra asseguda al seu costat.

—Ara estic menjant. —Es tanca en banda.

—Doncs esperem el pare. Està a punt d'arribar. —Mira de fer-se perdonar.

—Me'n vull anar a dormir. —S'afanya a empassar-se un iogurt.

—Tan aviat?

—Estic cansat. Bona nit!

—Ni un petó? —reclama la mare.

L'Adrià recula, li fa un petó d'esquitllentes i se'n va a dormir botit.

L'endemà mandreja fins que la necessitat l'obliga a desfer-se dels llençols i tancar-se al lavabo.

—Bon dia, rei...!

La mare està asseguda a la terrassa revisant el PDA.

—Bon dia.

Se'n va a la cuina, agafa un croissant i un vas de llet i s'asseu amb ella, sorrut.

—I l'entrenament de tenis?

—No en tinc. Dijous al vespre va trucar l'entrenador. Dos nois estan malalts i l'altre és fora tot el cap de setmana.

—Ah... —Escriu un parell d'anotacions.

—S'estarà dos dies a Roma amb la seva germana, la mare i un amic de la mare. Hi han anat amb Ryanair —mastega a poc a poquet, atent a la cara de la mare.

—Qui?

—En Pau, de tenis...

—Ja ho veus! Un vol barat d'anar i venir, menjar qualsevol cosa i dormir en un mal hotel, per poder dir que hi han estat. Si haguessin d'agafar l'avió per força com nosaltres, els dies de festa no voldrien saber res de viatges —deixa anar a raig sense treure els ulls de l'agenda.

Només li falta aquesta! Enverinat pel to poca-solta de la mare, la deixa sola amb unes ganes boges d'escampar la boira i se'n va a buscar el paquet de postals. Agafa la primera que li ve.

Dos nens i una nena d'ulls ametllats amb un barret en forma d'ombrel·la, pantalons i samarreta de color cru somriuen a la fotografia, de peus a l'aigua d'un camp d'arròs. El nen més gran és si fa no fa de la mateixa edat que l'Adrià. «Ostres, com jo!» Li crida l'atenció la cicatriu que té a sobre la cella.

«Ja m'està bé!» S'esquitlla pel passadís amb la postal i un bolígraf. S'assegura que no hi ha ningú a la cuina i, dret al costat de la taula, hi escriu d'una tirada: «No m'espereu a dinar. Adrià.» I hi afegeix, fent-se seva una expressió de l'àvia: «Necessito anar a prendre l'aire!» L'enganxa a la porta de la nevera amb un imant i se'n torna a correcuita a l'habitació.

Així que tanca la porta i s'hi repenja per agafar aire, es troba amb un barret igual que el dels nens de la postal, pantalons arremangats i aigua fins a mitja cama, enmig d'un arrossar, al costat del nen més gran.

«Amb això no hi comptava!» Es mira de reüll el noi que té al costat, sense saber què fer amb el manat de planter d'arròs que duu sota el braç.

—Au va... No t'hi pensis tant...! —li fa amb una veu fluixa com un sospir, plantant un bri perquè vegi com ha de fer-ho.

L'Adrià agafa una tija sense gosar dir res i, vinclant l'esquena, la planta amb angúnia al mig del fang. Quan aixeca el cap, provant d'endevinar fins on arriba aquella terra inundada, el noi s'ha fet fonedís i li ha deixat el seu manat.

«On ha anat?» Escampa la vista pels camps.

—Què esperes? No tenim temps per badar.

La nena de la postal, amb el germà petit enganxat al darrere, li mena la pressa sense manies des de més endavant.

Avança un parell de passos destarotat i palpa el fang amb una esgarrifança. «Plantar arròs no és cap aventura!» S'afanya a enfonsar-hi unes quantes plantetes més amb cara de fàstic, penedit d'haver-se acostat al calaix.

—Te'n deixes un manat...!

La nena fa una indicació al germà petit perquè porti a l'Adrià el que el gran ha abandonat.

«Aquest no és meu!» S'empassa les ganes de protestar.

—Vols dir que estàs acostumat a treballar?

Els ulls de la nena el fiten amb desconfiança.

—És que no m'agrada gaire...

—I a qui et penses que agrada?

L'Adrià ajup l'esquena i planta arròs sense dir ni piu, gens content de veure's carregat de feina i amb els peus en remull.

—Fa molta calor...! I em fa mal l'esquena...! —gemega al cap d'una estona—. No podem reposar?

—Però si tot just hem començat! Que no veus els manats que ens queden? Si no tenim l'arròs sembrat abans no vinguin les pluges, no estarà a punt a l'hora de collir-lo i, sense arròs, no hi ha ni menjar ni diners per viure.

—És que aquests mosquits...! —Es rasca una cama amb un peu enfangat.

La nena li clava una llambregada, es posa dreta i se li planta al davant, seguida del petit.

—Si ets tan delicat, per què has volgut ajudar-nos?

—...?

—«Que bé! Un amic que ens vol ajudar», li he dit. —Amanyaga el petit—. Ens pensàvem que volies fer la feina del nostre germà gran. Vaja, quin amic!

—Home... És que... Ho necessiteu, no? —No sap com sortir-se'n.

—No sembla que en tinguis gaires ganes.

—Sí, és clar... —Segueix plantant arròs. La camiseta se li enganxa a l'esquena i les

gotes de suor li baixen per sota del barret de palla. «No sé per què no em deixa ni respirar. Per què l'he de fer jo, la feina del seu germà gran?!»

—I el vostre germà? —deixa anar finalment, fart de suor i de picades.

—El nostre germà?

—Sí… El de la cicatriu damunt la cella…

Els ulls esbatanats de la nena li deixen clar que l'està vessant.

—Tu d'on has sortit!?

Però la cara d'estaquirot de l'Adrià li diu que hi ha alguna cosa que no sap. I passant-se la mà pel front suat com si en volgués fer fora els pensaments foscos que guarda, fa amb to apagat:

—Primer van caure malalts el pare i la mare. Al cap de poc, el nostre germà… Només quedem nosaltres dos…

—Vosaltres dos…?

Busca a tots costats amb una esgarrifança a l'esquena. «Però si hi acabo de parlar…» Clava la vista en el manat que el gran li ha deixat.

La nena arrufa les celles.

—Si veus que no pots i te'n vols anar a casa, també ens ho farem sense tu. Vinga —somriu al petit—, que avui acabarem aviat!

«Tornar a casa?!» El sol li crema la pell blanca, té mal de cap i l'aigua li fa venir esgarrifances. Però si el necessiten, sap aguantar. Planta tiges sense cap més gemec, fins que el sol, vermell de préssec madur, comença a amagar-se entre les muntanyes.

Llavors, deixen les feixes dels arrossars i baixen fins a la vora d'un riu atapeït de barques i gent. Els dos germans li assenyalen engrescats una de les barques fondejades. Però a l'Adrià li fan mal els ossos, se sent les cames fluixes i el cap li roda. I sense ni temps de deixar anar un ai, cau com un sac.

Es desperta amb una tovallola humida al front i el pare al costat.

—Ei, fill, com et trobes?

—Bé... —fa amb veu de cotó fluix—. Però tinc mal de cap.

—Per què no deies a la mare que no et trobaves bé i no volies dinar...? Li havies d'escriure una nota...? —Deixa la postal a la tauleta, preocupat.

Després d'un parell de dies de febre, s'ha aixecat del llit mort de gana i dos dits més alt.

13

CAIGUT DEL CEL

En Marc i l'Ester s'adonen que l'Adrià no és el mateix. La meitat de les vegades que l'Ester se'l mira a classe o se li acosta per parlar-hi, l'atrapa despistat. I de tant en tant, quan xerra amb en Marc, calla de sobte com si tingués por que se li escapés alguna paraula de més.

—Tu n'amagues alguna —el punxa una tarda sortint d'anglès.

Ell fa l'orni. Les coses que té per explicar li semblen tan difícils de creure que s'estima més guardar-se-les. Tot i que no pot evitar un somriure per sota el nas com qui té un tresor molt ben amagat.

Però quan aquesta mateixa tarda, en entrar a l'habitació, descobreix els calaixos de l'escriptori remenats i el pare i la mare plantats al mig amb el paquetet de postals, es veu a sobre un núvol gros i negre.

Si no s'empesca ben de pressa una bona explicació que els despisti, es quedarà sense i, no en té cap dubte, atrapat de nou per l'ensopiment. Sobretot és qüestió de parlar poc i no donar cap pista que els faci sospitar.

—D'on has tret això?

Aquesta vegada el pare tira pel dret. S'han posat d'acord. La situació és encara més greu que no es temia.

—Ho he trobat.

—Ho has trobat? Així? Com caigut del cel? —La mare no gasta gaire paciència.

—Més o menys.

—Adrià, no em vinguis amb punyetes! Més o menys!

Picat pel to amb què l'escarneix la mare i, endevinant la intenció del pare d'obrir el paquet, es llança com una guineu.

—Sí! I són meves! Van caure d'un globus. Venia d'anglès...

La mare es mira el pare amb cara de «no hi ha res a fer», a punt d'engegar una de les seves tirallongues de paraules i interrogants.

«Encara no està tot perdut. Deixarà anar tot el que li vingui al cap, acabarà amb un "No hi tornis, rei", i se n'anirà, sense esperar que jo digui res.» Comença a imaginar-se a sobre del cap de la mare una gran bafarada

que s'infla i s'infla fins a rebentar i escampar-se com les cendres d'un paper cremat.

Però el pare se li avança sense perdre la calma.

—Deixa't d'històries. No ens agraden les mentides. Hi ha escrita la teva adreça. —Li ensenya el darrere del paquetet—. Adrià Jonquera Bruguerola, carrer de Llafranc... No hi ha cap dubte que aquest ets tu, oi?

«No s'ho creuen?!» Rumia una sortida que els grans es puguin empassar, penedit de no haver tingut la boca ben tancada.

—Eren aquí... —Assenyala l'escriptori—. Potser la Clara... Les devia treure de la bústia...

No voldria embolicar-la-hi, però un altre moment sabrà com fer-se perdonar.

—I qui te les ha enviat? —El pare sembla mig convençut—. No hi ha res escrit.

Poc acostumat a dir mentides, es posa bé les ulleres sense saber què dir.

—Deu ser alguna activitat de l'escola —rumia en veu alta la mare—. Que has participat en algun concurs?

—No... Sí... No me'n recordo...

—No te'n recordes? I això d'enganxar-nos-les pertot? —El pare dibuixa una circumferència amb l'índex com si volgués abastar tot el pis.

«Que no saben llegir?» S'aguanta les ganes d'enviar-los a pastar fang. Si vol recuperar les postals, s'ha de deixar d'atzagaiades.

—Res... Així sabeu...

—Què? Et costa, eh, arrencar? —La mare vol acabar.

—Són maques, no? —Dubta de tirar pel dret.

El pare fa que sí amb el cap, esperant una resposta.

—Així sabem què? —La mare no es deixa despistar.

—Així sabeu què m'agradaria... —Mou la llengua a poc a poc, com si tingués un caramel enganxat a les dents.

No ha pogut acabar.

—Ah, no. No hi tornem! —La mare agafa el camí de la porta amb un sospir.

El pare deixa les postals a l'escriptori i se'n va darrere seu. Parlen en veu baixa al passadís. L'Adrià ho aprofita per entaforarles darrere uns llibres i clava l'orella ran de porta.

—Àlex, aquest nen em preocupa. Primer em va semblar un joc, però ara ja no sé què pensar.

—Són coses de criatures.

—Tu t'ho prens tot a la fresca. Et sembla normal aquesta insistència a deixar-nos postals pertot? I la de la nevera...? No m'ho podia dir, que no es trobava bé? Si és un joc, l'està portant massa lluny. Potser té massa temps per a ell sol... I si li omplíssim més hores amb alguna altra activitat?

—No ho sé, Judit. Ja fa tenis i anglès.

—Doncs, natació... o música...

—Però si nedar no li agrada..., i de música..., no n'ha parlat mai. I qui l'hi durà i l'anirà a buscar? Aquí, amb la Clara, està bé...

—Potser l'hauríem de portar al psicòleg. Sovint té el cap en un altre lloc... I no t'has fixat que últimament sempre va nafrat? Cops, pelades, el tall a la cella...

L'Adrià es mossega els llavis per no sortir cridant. «Què volen dir amb això d'anar al psicòleg... o d'apuntar-me a més activitats? No entenen res!»

Com que la idea de les postals va per mal camí, no els n'escriurà cap altra per més ganes que en tingui. Cal que els marxi ben de pressa qualsevol mala pensada del cap.

Tan bon punt la Clara arriba de fer un encàrrec, la fan passar a l'estudi. L'Adrià s'esquitlla a la terrassa i s'amaga sota la finestra ajustada.

—Estrany? No, no li he notat res. —Sent que diu tranquil·la.

—No ho sé... Aquesta dèria de les postals... no em sembla normal... —La mare li vol treure informació—. I vés a saber d'on han sortit... A tu te n'ha parlat?

L'Adrià aguanta l'alè, ben quiet.

—Em sembla que eren a la bústia —contesta sense pensar-s'hi.

«Si la tingués al davant, li faria una abraçada ben grossa!» S'aguanta les ganes de saltar, a punt de fer caure un test amb el peu.

—És clar, a la bústia. I com és que no ens en vas dir res? —Sembla que la mare no acaba d'empassar-s'ho.

—No eren per a ell? —fa com si res.

—Sí —confirma el pare.

—A tu també t'ha vingut amb la història que li han caigut d'un globus? —La mare insisteix.

—No. No me n'ha parlat.

—I d'aquest joc d'anar-les repartint per casa, encara no n'hi has tret res? —El to de la mare deixa clar que no està per bromes.

—No... És un joc interessant.

—Interessant? Què vols que et digui? Em sembla que té massa temps per fer la seva.

S'ha fet un moment de silenci.

—Potser sí, que passa massa temps sol. Potser hauria d'estar algunes estones amb els amics... Els meus nebots del poble tan aviat són a casa d'un com de l'altre...

—Dona, els de poble ho teniu fàcil. —El pare vol fer una broma que no li surt bé—. Allà viviu més tranquils i de petits ja podeu córrer sols... —Mira d'arreglar-ho.

—Nosaltres ja veus com anem d'atrafegats. A ciutat quasi tot és lluny. No tenim gaire temps per dur-lo amunt i avall. —A la mare només li falta afegir: «Per alguna cosa et tenim a tu, no?»

—Ara que s'acosta l'estiu... —intenta la Clara amb suavitat—, potser li agradaria anar de colònies. Li aniria bé estar fora de casa amb altra mainada de la seva edat.

«Com ho sap que m'agradaria?» Es tapa la boca amb la mà per no deixar escapar una exclamació. «No recordo que l'hi hagués explicat...»

—De moment, colònies, no —la talla la mare—. T'agrairem que no n'hi parlis. Fins d'aquí a un parell d'anys, que tindrà edat per anar a aprendre idiomes a l'estranger.

Ens instal·larem com cada estiu tots plegats a la costa, al xalet de l'empresa de l'Àlex. Allà hi ha de tot perquè s'ho pugui passar bé. De totes maneres, gràcies pel teu interès.

Quan la Clara surt de l'estudi, se l'ensopega fent el despistat a la porta de la terrassa.

—Així que cauen postals dels globus? —li fa en veu baixa.

L'Adrià no sap què dir.

—Saps que hi ha un conte que parla d'un senyor que es va perdre fa molt i molt de temps pel cel en globus i mai més no n'ha baixat? Diuen que encara hi vola, pescant els bons desitjos dels qui somien fer coses que no han pogut aconseguir mai.

—T'ho acabes d'inventar ara... —El cor li fa un salt.

—Me'n vaig a planxar. —El deixa sol amb una rialla manyaga com el pèl d'un gat.

14

Adrià Cellatallada

L'estiu cada dia és més a prop i a l'escola tothom parla de les vacances. L'Ester frisa per anar a les colònies multiesportives. En Marc només somia en les rutes que farà amb el club ciclista. En Pere es passa mig estiu a cals avis. La Maria compta els dies que falten per anar de càmping a la muntanya. L'únic a qui no enveja l'Adrià és en Tian, que s'ha apuntat a unes colònies d'informàtica, cosa que li sembla gairebé tan ensopida com estar-se tres setmanes en un xalet.

—Escalada, caiac, ràfting, BTT... —li explica cofoia l'Ester una tarda sortint de l'escola.

—BTT? On són aquestes colònies? —hi fica cullerada en Marc, que se'ls ha afegit corrent.

—A la Seu d'Urgell.

—Ostres! Hi anirem amb el club ciclista. Quins dies hi seràs? Potser ens veurem.

L'Adrià es queda un parell de passos enrere amb la mosca al nas. «Ells dos es trobaran i jo tancadet amb el pare i la mare.» Es mor de ganes d'enviar el seu amic a pastar fang.

—Potser sí... —fa l'Ester sense interès.

—Vaig tirant cap a l'autobús. —En Marc entén que ha d'escampar la boira.

—Hi vaig a l'agost. T'animes? —Espera l'Adrià riallera.

Porta uns pirates blau clar i una brusa de màniga curta de ratlles fines a joc. L'aire li esbulla alguns cabells desfets de les trenes i els hi enganxa a les gotetes de suor del front. L'Adrià s'apuja les ulleres nas amunt, desitjant no portar la camiseta vermella suada ni les cames gaire empolsegades de jugar al pati amb pantalons curts.

—Ja m'agradaria, però no m'hi deixen apuntar. Anem a la costa.

—També està bé la platja. No t'agrada?

—És que no hi baixem a banyar-nos. A casa diuen que hi ha massa gent. Tenim piscina.

—Ah... Que bé, no? Però no és igual.

—No. No és gens igual —contesta amb veu de fàstic.

—Però pots convidar amics.

—Quins amics? Si anéssim a la platja, o em deixessin baixar al poble, sí que en faria.

—És clar... I els teus pares tampoc no conviden ningú?

—A vegades. Però els fills dels amics dels meus pares són petits o fan algun curs a l'estranger...

—Si vols..., ens enviem algun correu. També penjaré algunes fotos de les colònies a la intranet.

I és que, per acabar-ho d'arreglar, la tutora ha tingut una idea fantàstica: penjaran fotografies de les vacances a la intranet de l'escola i, com a deures d'estiu, cadascú hi tindrà un espai per explicar-hi allò més divertit, interessant o sorprenent que hagi fet.

—No sé si tindré gaires coses a dir... Però m'agradarà veure les fotos. —Arrenca a córrer cap a l'autobús, que està a punt de marxar.

El primer dia sense escola l'Adrià està que bufa. Un altre estiu al xalet, sense res més interessant a fer que comptar les formigues que hi ha sota els pins, capbussar-se a la piscina i escoltar de lluny els xiscles de les criatures i les xerroles dels banyistes a la platja, mentre espia enfilat rere la tanca el vaivé dels pals dels velers a port.

«Si almenys tinguéssim una barca i sortíssim a navegar...» Treu el paquetet de postals del seu amagatall darrere els llibres, en tria una d'un veler i la deixa davant seu amb un desig molt intens: «Navegar amb veler pel mar blau!»

De seguida l'escriuria al pare i la mare, si no fos perquè, quan pensa en psicòlegs o més activitats, se li glaça la mà.

—On vols anar amb un vaixell pirata?! —La Clara ha entrat amb un plomall.

—A navegar per tot el Mediterrani! —contesta sense por del que li dirà—. Voldries venir? —Mira quina cara fa.

—Prou que m'agradaria! Però em sembla que els pirates no en volien, de dones, als seus vaixells, i menys de la meva edat.

—Si fos el meu, hi aniria qui voldria, perquè jo en seria el capità! —contesta amb un rampell d'entusiasme.

—He de treure la pols. —Se'n va cap als prestatges, les galtes rosades i un balanceig petit de la rasta de color gris i castany.

«El pare i la mare no n'han de saber res. Encara falta una bona estona per al sopar...» Els dits se li'n van cap al pot dels llapis, mentre la Clara romanceja davant la prestatgeria traient la pols.

—Vigila de no prendre mal —li fa, múrria, quan l'enganxa amb la vista clavada a la postal.

Tan bon punt veu que se'n va i tanca la porta darrere seu, agafa un llapis, gira la fotografia i hi escriu amb la mà tremolosa: «Tinc ganes d'anar amb veler pel mar blau!» La clava a corre-cuita al tauler de suro i es queda quiet als peus del llit.

Compta un minut, en compta un altre i, decebut que no passi res de res, es posa a badar arran dels vidres, mirant-se la postal de tant en tant.

Hi ha una torre, que s'aixeca sola i alta, en una punta de terra envoltada gairebé tota de mar. És un mar blau, d'un blau d'aigües fondes, que esquitxa de blanc les roques i els esculls. A l'horitzó, s'hi veu un vaixell amb les veles desplegades, i un sol vermell s'amaga de mica en mica, tenyint de rosat les ones que s'han fet del mateix color del cel. Un cel molt semblant al que es retalla aquest vespre rere els vidres de la finestra de l'habitació de l'Adrià.

A mesura que el sol s'amaga, l'habitació s'enfosqueix, i també el cel i les aigües fondes de la mar d'aquella postal, i el vaixell que les solca es comença a acostar, molt a poc a poc, a la torre del far.

És un vaixell de dos pals. A cada pal hi ha desplegades dues veles, una gairebé quadrada i, a sobre, una altra de triangular. Per damunt dels pals, oneja una bandera negra, amb una calavera blanca sobre dos ossos encreuats. Entre el roncar de les ones, el vent porta la veu del capità.

—Timonera, a poc a poc i amb mà ferma. Compte amb els esculls de babord!

—Sí, capità!

—Aquestes veles! Afluixem la marxa! Rumb a estribord. A poc a poc! Llanceu l'àncora!

—Goleta ancorada, capità!

És un capità que sap el que es fa i els seus el respecten i l'obeeixen sense pensar-s'ho ni un moment. Se'l veu decidit i valent, a més d'experimentat i, tot i això, sembla molt jove. Ves si és jove, que és el mateix Adrià.

La goleta maniobra tan de pressa i tan hàbilment, aprofitant que el sol ja s'ha acabat d'amagar, que agafa de sorpresa els vigilants del far.

Quan encenen un foc al cim de la torre, per avisar la gent de terra que un vaixell de

bandera pirata ha ancorat davant de la costa, dues barques de rems, carregades de pirates, ja han recorregut la meitat de camí que les separa de la platja, comandades pel seu valent capità. És el capità Adrià de Llafranc, més conegut pel malnom de Cellatallada, temut de tots, que ha fugit de la injustícia d'un rei malvat.

Tot just els canons del port apunten les dues barques, les perden de vista. S'han amagat a la platja en lloc segur. Abans que els vigilants de la torre acabin de donar l'alerta, dos pirates els lliguen i emmordassen i quatre més estomaquen els que volen disparar els canons. Els altres s'escampen de seguida per les cases on els sembla que no els falta res i s'afanyen a arreplegar qualsevol cosa bona per vestir-se i menjar. Fan via sense entrebancs. La fama del capità Cellatallada és tan terrible que, només de sentir a dir el seu nom, tothom fuig esparverat.

La quadrilla de pirates, quasi cap no dobla l'edat del seu capità, torna a la platja amb les mans plenes fins dalt. L'últim és el capità, per assegurar-se que ningú no es queda ressagat.

—Avui sí que hem fet un bon botí!

—Deixa't de xerrameca i fes córrer les cames, grumet!

—Capità, saps on és la meva germana? —crida un dels que van al davant.

—Vatua! Em pensava que era amb vosaltres! On s'ha ficat?

L'Adrià de Llafranc recula cap als primers carrers del poble. N'enfila un d'estret i costerut que puja fins a l'església. Li arriben unes veus del capdamunt. Una noia rosseta li surt a l'encontre, amb un cofre sota un braç i un gos escarransit a l'altre.

—Què ha passat?

—M'han enxampat tombant les olles d'una cuina. —S'escapen tots dos cames ajudeu-me.

—I...?

—Doncs que en una, plena de sopa, hi bullia aquest tresor —li fa ensenyant-li el cofre de sota el braç.

—I on vas amb això? —L'Adrià assenyala el gosset amb mala cara.

—No podia deixar-lo, està mort de gana.

—I si t'agafaven? Ets una cap de trons. Un dia tindrem un disgust.

—No ho faran pas, prou que ho saps. —Li passa al davant, amb les cames més lleugeres que cap dels altres.

Avaren els bots a la mar i hi pugen d'un salt. Ja són darrere els rems. Però se'ls aixeca un vent contrari que els allunya del vaixell i els llança cap a la platja, on alguns dels vilatans que havien fugit criden i els amenacen, refets de l'esglai. La mar està embravida. Les barques salten entre les ones com una clova de musclo. Però remen amb força i tossuderia, i guanyen de mica en mica la partida al mar.

—Amb mà ferma, que ens en sortirem!

—Això està fet, capità!

—Alerta amb aquesta onada!

—Uaaap! Fort! Vinga, que ja els tenim!

Són a tocar del buc de la goleta quan un cop d'onada fa caure el capità. Un remolí d'aigua l'engoleix. Se l'emporta cap al fons. Ell neda i neda. El mar es cargola i es desfà en escuma blanca. Amunt i avall. Un esforç més! Sent la rascada d'un escull en una cama. Mira d'arrapar-s'hi. Hi ha una cala a quatre braçades. Ja quasi l'aconsegueix! Una, dues, encara una altra. Els ulls se li tanquen i la remor del mar se'n va més i més lluny.

El capità Cellatallada es desperta mig estabornit, amb la cara fregant una catifa, moll de cap a peus, amb gust de sal a la boca i sorra als ulls.

L'habitació és quasi a les fosques i està una bona estona per reconèixer els seus mobles i posar-se dret. Encén el llum tremolant de fred. En veure's descalç i fet un nyap, amaga la catifa molla sota el llit, agafa el pijama, corre a dutxar-se amb aigua calenta i posa la roba xopa a l'assecadora.

Però per més que busca un dels vidres de les ulleres, no el troba enlloc. Ni al costat de la finestra, ni a la catifa, ni a terra ni a sota el llit.

—Els diré que m'ha caigut vàter avall.

15

DUES I UNA

Els dies abans d'anar-se'n a la costa no té gaire temps per encantar-se. Els matins, els passa al club de tenis; al juliol hi ha torneig i ha d'entrenar fort. A les tardes, fa un intensiu d'anglès a l'acadèmia d'idiomes. I no es pot escapar de seguir la mare, amb la seva febre de comprar de tot abans de marxar de vacances.

Però de seguida que té un moment de tranquil·litat, estira del seu amagatall el paquetet de postals. «Una, dues, tres...», les compta i recompta, pensant en el reguitzell de dies, tots semblants, que l'esperen. «Una, dues, tres... Només tres, i encara una en blanc...» Hi torna una altra vegada. «Tant de bo me'n quedessin més». Mira alarmat la sala de darrere la cortina vermella aguantada pel senyor de negre que hi ha en la fotografia del davant del paquetet. I és que, cada cop que en treu, es fon un dels seus desitjos suspesos al sostre de la sala.

Finalment, arriba el dia de la marxa. Donen vacances a la Clara, entren al cotxe al vespre, enfilen l'autopista amb la conducció tranquil·la del pare i es planten al xalet amb una mica més d'una hora, sense gaires embussos i cap sotrac.

Obren el portal de l'entrada amb el comandament a distància i avancen per un camí de grava fins a la porta envernissada del garatge d'una casa tota de color blanc.

L'Adrià escolta el crec-crec de les pedretes del camí sota les rodes amb una mà a la motxilla on porta les postals amagades. La gespa del jardí del voltant de la casa és verda i polida com sempre. Hi ha tot d'arbres i arbustos que fan ombra i bonic. L'aigua de la piscina brilla transparent a pocs metres de la terrassa de la sala. A l'altra banda de la casa, sobresurt la capçada verd fosc de tres pins. I una paret, alta i blanca, tanca el xalet com una fortalesa pels quatre costats.

—Ens anirem a banyar a la platja?

—No, rei. Massa gent. Tenim la piscina. —La mare estira dues maletes cap a les habitacions.

—I a pescar? Hi ha dues canyes al garatge...

—Amb mi no hi comptis... Ha de ser tan avorrit...!

—Pare...

—No sabria ni com posar-m'hi... Encara prendríem mal. No pateixis, home. No t'avorriràs pas amb tot el que ens hem endut...

—Posa dues caixes als peus del llit.

L'endemà al matí romanceja al lavabo, mentre sent que el pare i la mare preparen l'esmorzar a la terrassa que dóna a la piscina.

—Adrià! Véns?

Arrossega els peus a fora i es queda clavat davant de la taula parada. «Ostres!» Venta un cop d'ull. Estovalles de roba, plats, gots, tasses i coberts ben posats amb el seu tovalló, una gerra amb xocolata desfeta, una altra amb suc de taronja, síndria, croissants, coca de pa... i un ramet de flor d'hortènsia al mig.

El pare i la mare, drets a l'altra banda sota una ombrel·la, se'l miren amb cara de pasqua i s'aparten tot d'una com si ho tinguessin assajat.

Ha anat de ben poc que no caigués de cul. Una bicicleta magnífica, molt semblant

a la de la postal, és darrere seu al costat d'un baladre carregat de flors d'un vermell viu.

—És per a mi?

L'agafa i s'hi enfila com si ho hagués fet tota la vida.

—Saps anar-hi?

El pare i la mare el vigilen incrèduls.

—En Marc... Que un dia va portar la seva bici a l'acadèmia per fer una conferència en anglès i me'n va ensenyar una mica a la plaça mentre esperàvem la seva mare... —improvisa de seguida, pedalant a poc a poc com si tingués por de caure—. Em podré apuntar al seu club ciclista?

—Ui, no corris tant... —riuen refets.

—Li enviaré un correu perquè em digui què he de fer. —Canvia de marxa, fa una volta a la piscina i frena amb seguretat.

—Et fumeràs a l'aigua! —Li fan una fotografia darrere l'altra.

—L'hi puc preguntar? —repeteix sense perdre l'alè.

—I el tenis?

—No hi aniré el dissabte... O canviaré el dissabte al matí per un altre dia... —afegeix de pressa quan veu la cara del pare i la mare.

—D'acord... Pregunta-l'hi... —deixen anar a l'una amb un to que no deixa cap dubte.

L'Adrià no s'ho pot creure. «M'han dit que sí!»

Baixa de la bicicleta, corre a engegar el portàtil i envia de seguida un correu a en Marc: «M'han comprat una bicicleta! I em deixen apuntar al teu club ciclista. M'has de dir com es fa. Adrià.»

16

VULL ANAR-ME'N AL POL!

La il·lusió per la bicicleta li agafa tan fort que hi puja un dia darrere l'altre, per seguir qualsevol circuit capaç d'inventar-se en l'espai que li deixa la tanca del xalet, com si fos un mosquit.

Ja fa cinc dies que ha enviat el correu a en Marc i la resposta no arriba. Quan al sisè obre l'ordinador havent dinat i es troba el missatge que esperava, s'enfila a la bici, fa tres voltes a la casa, puja fins als pins, descobreix la mare a sota una ombra a l'altra punta de jardí, fa un esprint i se li atura davant amb una derrapada.

—Adrià, prendràs mal!

—Ja sé com s'ha de fer per apuntar-me al club d'en Marc! Només s'ha d'omplir una fitxa i enviar-la a una adreça electrònica. Al setembre he de portar una fotografia i tu o el pare haureu de firmar uns papers.

—Parla amb el pare. És a buscar les ulleres de sol. Ell t'ajudarà a omplir-la —li contesta escarxofada a la gandula, sense esma ni per obrir els ulls—. I estigues quiet, que encara no has paït el dinar. Amb aquesta xafogor t'agafarà alguna cosa.

Pedala amb totes les forces fins a la casa, deixa la bicicleta de qualsevol manera i entra a la cuina amb un pam de llengua fora.

—Pare...! —S'omple a vessar un got d'aigua fresca.

S'ha d'agafar a la porta oberta de la nevera. El batec del pols li retruny a les orelles i una alenada de calor li fa rodar el cap.

—S'hi està fresquet...? —El pare és darrere seu—. On vas tan vermell i suat?

—Hem d'omplir una fitxa per... —No té ni alè per continuar.

—Seu. Després m'ho explicaràs. —L'acompanya fins a la taula i li fa beure aigua d'una ampolla que treu de l'armari—. Com se t'acut amb aquesta calor...? Prou que t'ho hem dit. I la gorra?

—Vull aigua freda.

—Ni pensar-ho. Et faria mal. Beu a poc a poc. Un altre got. —L'hi omple i li posa una mà al front—. Si estàs bullint! Vés-te a estirar al llit una estona.

—No hi vull anar, al llit. Me'n vaig a la piscina.

—Primer descansa.

—M'avorriré. Jo no sé dormir a la tarda.

—Hi estaràs fresc. Quan t'hagi passat aquesta acalorada et podràs banyar. —Gairebé l'hi empeny—. Estigues quiet i prova de dormir. —Abaixa una mica la persiana i ajusta la porta.

Està tan atuït que no pot dir ni fava. Estirat al llit, amb les cames eixancarrades, tanca els ulls i respira a poc a poc, escoltant el ritme de les alenades de l'aire condicionat, incapaç d'agafar el son. «Hauria de ser fred com a la nevera.» S'imagina les parets blanques de glaç. «Com si fos...»

S'aboca a un costat del llit i hi palpa a sota. Arreplega la motxilla per una punta, l'estira cap enfora, treu les postals i un bolígraf, i es torna a estirar mig marejat. Quan està segur que el cap no li roda, s'incorpora a poc a poc, en tria una i hi escriu de pressa al darrere: «Voldria anar-me'n al pol!»

La posa de cara enlaire i força els ulls en la penombra per mirar-se amb delit les dues parts en què està dividida. A cadascuna es veu un mar d'aigües blaves. Petits icebergs hi floten com illes blanques. A l'esquerra, hi neda el narval, entre balena i dofí, la dent com una espasa torçada en espiral. A la dreta, la beluga. «Hi ha mariners que han pogut sentir el cant d'aquesta balena blanca entre les aigües de l'oceà», recorda haver llegit, amb una espurna als ulls.

Plop... Plop... «Què és aquest soroll?» Es gira cap a l'aparell d'aire condicionat. Plop... «Ai, que em marejo. El llit es balanceja.» Deixa anar la postal i tanca les parpelles amb un braç al front. Una pessigada de fred viu li gela la cara.

—No deixis anar la pagaia...! —l'acuita la veu d'un nen.

Un sotrac sec i el «raac» d'una fregada li fan obrir els ulls just a temps d'arrapar-se amb les mans a un rem en forma de pala. És dalt d'un caiac en una llengua de mar, blava i planera. Des d'un altre caiac, un nen s'esforça a evitar una segona enganxada amb el de l'Adrià. Té la cara ampla, nasset camús, ulls oblics, petits i vius, i serrell negre i estirat. Va abrigat amb botes i guants de pell de foca, pantalons de pèl d'ós i una parca gruixuda amb caputxa, també de pell.

—Un esquimal...! —Venta un cop de pala a l'aigua, encarcarat.

—Inuit! —el corregeix amb un to que, malgrat el somriure, li deixa ben clar que la paraula esquimal no li fa cap gràcia.

—Inuit... —rectifica, bellugant cames i cul per adreçar el fòtil de fusta i pell de foca estret i punxegut en què està embarcat.

—No et moguis tant! Te'n vols anar de cap a l'aigua? La pagaia hi ha d'entrar sense picar. Ho veus?

Escolta recelós el seu company i es queda quiet. El caiac es balanceja tranquil com una fusta a l'aigua. «Més o menys, deu ser com anar amb bicicleta.» Deixa d'agafar fort el rem com si se li hagués d'escapar i fa unes quantes palades engavanyat per la roba d'abric. La canoa tomba dòcil i, girant sobre si mateixa, el torna de nou de cara a l'inuit, que deixa escapar el riure per sota el nas.

—Guaita. Un, dos... —Li ensenya com ha d'entrar la pagaia a l'aigua.

—Un, dos... —l'imita fent esses.

—Més bé. Vinga, que ens esperen. Fixa-t'hi. —S'avança una mica perquè vegi com va.

Els caiacs ressegueixen la costa suau que tenen a la dreta a poc a poc, al ritme de les palades de l'inuit. L'Adrià, amb la caputxa emmarcant-li les ulleres i el nas vermell de fred, no es perd ni un detall. El mar, blau i brillant, entra terra endins com si se l'hagués menjada d'una mossegada. Un penyasegat impressionant s'alça a l'esquerra, tacat de negre per dotzenes de corbs marins.

—Apa!

Uns mascarells despleguen el seu vol blanc, negra la punta de les ales, i es capbussen a l'aigua amb un plugim d'esquitxos platejats. Endins del mar, apareix tot d'una la cua d'una balena enorme.

—Ostres...!

Plaasst! Es torna a enfonsar aixecant un ventall d'escuma espectacular.

L'inuit es posa un dit als llavis i li fa un gest indicant-li les taques de molsa verda i les clapes nevades que hi ha ran de mar.

—Ei...! —se li escapa fluix a l'Adrià.

Entremig de l'herba, treu el cap un fraret, negre del cim i blanc de cara, amb un peix que encara cueja entre el bec taronja viu.

—Psst... —Volten una roca sense cap més soroll que el clapoteig de les pagaies.

Un estol de frarets rodanxons acoloreix el verd i gris de la ribera. Els deixen enrere i voregen una punta de terra.

—Foooques! —Ofega un crit amb un pam de boca oberta.

Centenars de foques clapejades de gris marronós dormisquegen en una cala rocosa. El seu company riu divertit i mira de reüll cap a una platja. Abans que tingui temps d'endevinar-li la intenció, dreça el cos, fa unes quantes palades enèrgiques i s'atura un tros enllà amb posat murri. L'està provocant. L'Adrià es llança a perseguir-lo sense pensar-s'ho, amb un cop de rem maldestre que fa trontollar el caiac. Sense fer-ne cas, deixa que la canoa s'equilibri, agafa la pagaia amb fermesa i, posant-hi més cap que cor, hi torna. Una... Una altra... Una més... «Ja et ti...» L'altre se li escapa. «No ho tindràs tan fàcil.» Continua remant picat. Arriben a la platja, ara em deixes ara t'atrapo, acalorats i bufant.

—Afanya't. El meu avi ens espera.

Salten dels caiacs, els treuen de l'aigua i corren cap a l'home baixet que els fa un gest al límit de la terra gelada. «Anirem amb trineu...!» Travessa la platja amb pessigolles als peus. L'avi els fa seure ben junts i els abriga amb una manta de pell. Té una expressió sàvia i quieta als ulls.

A un cop sec de fuet a la carcassa, els set gossos formidables que estiren el trineu es posen en moviment. Llisquen per una plana ondulada i blanca al cor mateix del món del gel. I sorprenen la guineu de pèl gris i blanc, veuen les morses de pell gruixuda que caminen sobre el glaç amb l'ajuda dels seus dos ullals, descobreixen els ulls grocs del mussol blanc camuflat a la neu i esquiven un ramat de bous mesquers de pèl llarg i banyes emmarcant-los el front, corbades cap amunt al costat dels ulls.

L'inuit li assenyala de lluny unes cases de teulada negra i porticons blancs que esquitxen de color la plana glaçada. S'aturen davant d'una. Nens i nenes de cabells negres estirats, cara ampla i ulls oblics els fan entrar i l'ajuden amb rialles a treure's la parca, les botes i els guants. Celebren una festa i l'Adrià hi està convidat. Tots li parlen alhora. Algú el crida pel seu nom.

—Adrià... Adrià...! Vols dir que no has dormit prou? —La mare apuja la persiana i tanca l'aire condicionat.

—On vas amb aquests mitjons gruixuts!? Estàs bé...? —Li posa una mà al front.

L'Adrià amaga els peus sense saber què contestar.

—Els he agafat de l'armari...

—De l'armari? Hi ha gent ben deixada. Vés a saber qui se'ls hi ha oblidat. —Els hi treu amb cara de fàstic—. Que tens fred? De segur que el pare t'ha posat l'aire condicionat massa alt.

—Puc anar a la piscina? —S'ha posat el banyador fent com si res, desitjant que el deixi sol.

Tan bon punt la mare és fora, busca la postal sota el llit, la desa a la motxilla, corre a la piscina amb la seva barca inflable i s'hi deixa empènyer per la marinada, amb els ulls clucs i el cap en la seva aventura al pol.

17

HOLA, COM VA?

L'Adrià es mor de ganes d'explicar a l'Ester que li han regalat una bicicleta, i potser alguna cosa més... Però li costa decidir-se. «Ella no m'ha enviat cap correu», dubta davant l'ordinador. «Tampoc no ha posat cap foto a la intranet.» Fa una ullada a les que hi han penjat els de la classe, sense llegir els comentaris que hi escriuen. No té cap ganes de saber que s'ho passen la mar de bé.

«Encara no deu haver anat de colònies...» Ho deixa córrer uns dies més. Finalment, es llança i escriu: «Hola, Ester. Ja has marxat de colònies? Jo ja fa dies que sóc al xalet. M'han regalat una bicicleta. Adrià.» Envia el missatge de seguida abans no tingui temps de repensar-s'hi.

Al cap d'un parell d'hores obre el correu electrònic amb pessigolles a l'estómac. A la safata d'entrada, no hi ha cap resposta. Ni tampoc l'endemà. «Qui vol contestar un missatge tan ensopit?» Engega l'ordinador cada dia, penedit de cadascuna de les paraules que ha deixat escapar.

Amb la bicicleta, l'estada al xalet és més lleugera. Però quan s'ha inventat tots els circuits possibles entre els obstacles del jardí, s'ha deixat anar amb barca des de cada pam de piscina, ha llegit una estona, ha encaixat unes quantes peces de l'aeronau que està construint i s'ha cansat de la consola, li falta alguna cosa més.

Se sap de memòria les cicatrius de les soques dels pins, quins panots del terra ballen, els líquens de cada pedra, els botons de reg que no ragen, l'estat de cada test amb flors... i quants brots de geranis ha trencat, de tant enfilar-se a les gerres de ran de tanca per espiar les anades i vingudes dels vaixells al port.

—Puc baixar amb bicicleta al poble i pujar amb cotxe amb la mare? —Intenta guanyarse el pare una tarda que la mare se n'ha anat a la perruqueria.

—Ni parlar-ne! Amb el trànsit que hi ha!

—Aniré amb compte...

—De cap manera!

—Doncs vine tu, en llogues una... i passegem!

—Amb aquesta calor? Ja hi anirem a la nit, a passeig.

—Amb bicicleta?

—Això! I la mare?

—Ella també.

—Ella? No hi comptis! —El pare riu.

—Doncs ens n'anem fins al far un dia tu i jo al matí aviat...

—Ui... Ja ho veurem... Ja has fet deures avui?

«Ja ho veurem. Sempre, ja ho veurem.» Repassa la feina pendent en el full que els van donar a l'escola. «Aquesta mania dels mestres de fer-nos escriure cada estiu alguna cosa de les vacances. I aquest any a la intranet, i si la tutora vol, tothom hi pot ficar el nas!»

Quan obre el portàtil i veu que té un correu electrònic, el cor li fa un salt. «De l'Ester...!» —Hi clica de seguida al damunt.

«Hola! Per fi! Per fi et puc escriure. Fa dues setmanes que a casa ens hem quedat sense Internet i no hi ha manera que ens l'arreglin. I amb el meu germà, que dóna molta feina, i preparar-me per a les colònies no he tingut temps d'anar a la biblioteca i enviarte un correu des d'allà. Ja fa cinc dies que sóc de colònies i fins avui no m'ha tocat

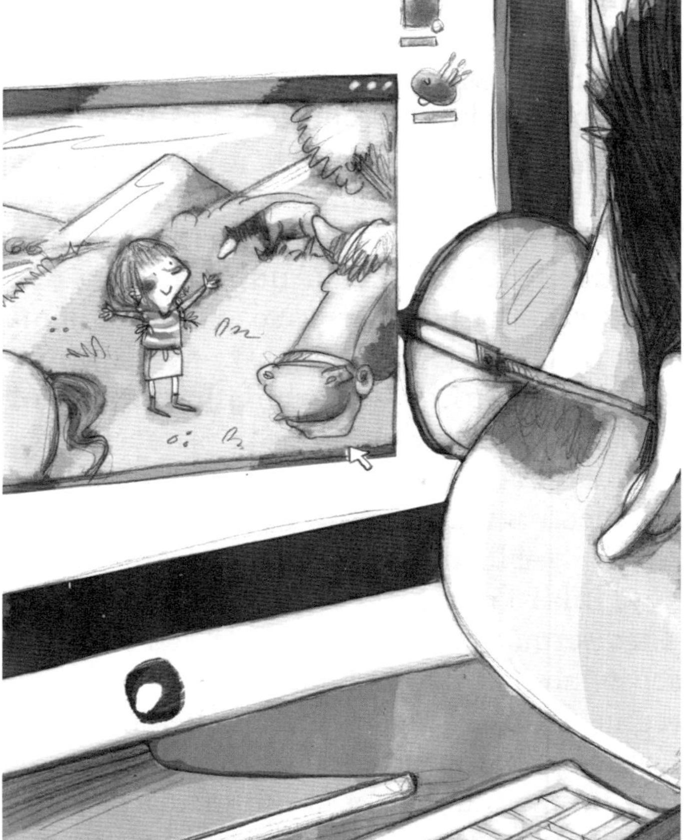

l'ordinador. Que bé que t'hagin regalat una bicicleta!! T'apuntaràs al club d'en Marc? Encara no hi ha cap foto teva a la intranet. Vinga, afanya't a enviar-n'hi alguna! M'ho estic passant molt bé. Com que tampoc no n'hi he pogut enviar cap encara, te'n poso tres perquè les vegis. El dia que vam fer escalada vaig veure una àguila, però les fotografies han sortit malament. El millor van ser els cavalls!! I a tu com et va? Explica'm què fas! Ester.»

L'Adrià es rellegeix el missatge paraula per paraula, des del començament fins al final, una vegada, dues, tres... I tot ell s'esponja, com si tingués el cos ple de bombolletes de gasosa que li corren amunt i avall. Després, s'atura en la primera fotografia... S'atura en la segona... En una, l'Ester és en un prat verd, vora d'un rierol, rient feliç voltada de cavalls; en l'altra, baixa en canoa entre esquitxos d'aigua per un torrent molt estret, i en la tercera se la veu d'esquena, enfilada un tros amunt d'una paret de roca. «Quina enveja!», fita la dels cavalls.

Li contesta de seguida. «Ja he vist les fotos. Són molt maques. Quina sort que a casa teva t'hagin deixat anar a aquestes colònies. Ja buscaré alguna foto per enviar-la a la intranet. Jo...» S'atura i esborra el jo. Què li pot explicar si ni tan sols ha fet una passejada llarga amb bicicleta? «A mi també m'agraden molt els cavalls», escriu i es torna a encallar. Però ha de dir alguna cosa, si no vol enviar-li un missatge ben sonso. «Tinc llibres de cavalls amb fotografies molt maques. N'hi ha un...», li ha vingut al cap l'àliga que va veure l'Ester, «...d'uns caçadors que cacen amb àguiles, a cavall. Adrià.» Tira pel dret i l'envia abans que es pugui fer enrere, gens segur que això interessi ni poc ni gaire a la seva amiga.

L'endemà i l'endemà passat, obre l'ordinador amb papallones a les puntes dels dits, però la resposta no arriba. «Caçadors i cavalls en un llibre. Ves quines vacances tan divertides per explicar!», rumia gairebé posant-se vermell. Però al cap de tres dies rep un altre correu. «He aconseguit que algú de les colònies em deixés cinc minuts l'ordinador a canvi de desparar taula havent sopat. Caçadors amb àligues, a cavall?! M'ho has d'explicar més bé! Va, què esperes a enviar alguna foto? Tinc ganes de veure't amb bicicleta. Ester.»

Amb això sí que no hi comptava. Ensenyar fotografies és una cosa, però explicarles... Comença a escriure gens segur del resultat. «Són uns caçadors de Mongòlia que per caçar recorren la gran plana on viuen muntats a cavall, cadascun amb la seva àguila al braç. Les agafen, les cuiden i les entrenen de petites. Si hi ha un animaló que es mogui pels prats amb neu, l'àguila el descobreix des de molt enlaire sense que la senti i es llança a caçar-lo per al seu amo. Com que només agafen una peça quan volen menjar, els fan passar una mica de gana abans de sortir de cacera. Però no et pensis, només cacen per viure i les àguiles les cuiden com nosaltres fem amb els animals que tenim a casa, i si una es fereix i no els serveix més, se'n fan càrrec per sempre i no l'abandonen. Són uns genets molt bons i també s'estimen molt els cavalls. No sé si m'he explicat gaire bé. Adrià.»

Al cap de dos dies rep un altre correu. «Hola una altra vegada. M'agradarà saber més coses d'aquests genets. M'ensenyaràs el llibre? Ja se m'acaben les colònies! M'ho estic passant molt bé. Gairebé sempre que fem escalada, tornem a veure les àguiles. I ja ens hem fet amics amb els cavalls. L'any que ve t'han de deixar venir! I les teves fotos on són? Ester.»

—Vaja! T'has adonat que l'ordinador no mossega. I aquestes fotos? —El pare l'ha atrapat davant les fotos de l'Ester, penjades amb les dels altres a la intranet.

—Res... Que n'hem de posar de les vacances a la intranet de l'escola. T'agraden? —Mou el cursor per distreure'l amb les altres—. M'ajudaràs a penjar-n'hi alguna?

—Després ho farem. La mare s'ha endut la càmera per ensenyar-la a una amiga. De debò...! —Li pica l'ullet i tanca la porta darrere seu.

18

TAMAHAQS

L'Adrià encara no s'ho acaba creure. Ha aconseguit arrencar el pare de casa dos matins. Han llogat una bicicleta, han deixat la mare fent la seva a la piscina i un dia han anat a la pineda i l'altre, a fer un bon esmorzar a la punta del far.

A l'Ester li ha encantat una fotografia que li havia fet la mare, frenant amb cara d'esglai arran de piscina. «Estàs molt divertit», li diu en l'últim correu que li ha enviat. «Divertit? Jo que estava tan cofoi d'haver salvat la situació a l'últim moment.» S'apuja les ulleres nas amunt. I en Marc ha quedat enlluernat amb la foto que es van fer amb el pare atipant-se de peix fresc fregidet al costat de les bicis aparcades. «Nano, quina bici més guapa! I quin esmorzar!»

Entre una cosa i altra, arriba al final de les vacances més de pressa que no comptava.

I, com cada estiu, el penúltim dia d'estar al xalet, el pare i la mare organitzen un sopar sonat. Totes les amistats que estiuegen a prop són convidades a un àpat com cal. Encarreguen el menjar a una empresa de qualitat, omplen la nevera de begudes, preparen una taula ben llarga al jardí i graven un bon repertori de música per acompanyar la festa.

De segur que, com cada any, no hi haurà ningú de la seva edat. I com cada any, s'oblidaran d'ell a partir de les deu de la nit i faran la seva fins a punta de clar. Però no s'hi capfica ni poc ni gaire. Perquè, aquest any, sap com matar l'avorriment.

S'està grillejant tota la tarda. Al vespre ajuda a deixar la taula ben guarnida i, a l'hora de sopar, s'asseu al costat de la mare, desitjant només que arribin les postres per escapar-se amb un parell de badalls convincents.

Tot va pràcticament com té previst, però unes paraules agafades al vol el frenen quan està a punt d'escampar la boira.

—...cinc dies al desert.

El pare i la mare escolten una parella d'una certa edat que fa pocs dies han arribat de viatge.

«Apa! Aquesta sí que és bona!»

—Cuiner i tot teníem. Un dels tot terreny portava una cuina i totes les coses necessàries per preparar el menjar. No ens havíem de preocupar de res. Ens muntaven les tendes abans que arribéssim... Això sí, la higiene... —Fan una ganyota—. T'havies d'espavilar com podies...

«A veure si s'engresquen...» Espia la cara del pare i la mare, sense endevinar-hi cap més interès que el de mantenir la conversa.

—Caravanes de camells? No, home no... Això devia ser abans... Tuaregs...? Res... Se n'expliquen moltes fantasies. —L'home fa un gest com si es desfés d'una idea sense cap ni peus—. Ha estat un viatge molt interessant! —Deixa el got damunt la taula fent dringar els glaçons, satisfet de comprovar que els altres convidats estan pendents d'ells.

«Tuaregs! Ni han estat capaços d'aprendre a dir-los tamahaqs, que és com es diuen ells mateixos. Se'n van al desert i no en saben res!» S'esquitlla cap dins, fastiguejat de sentir-los.

Tan bon punt entra a l'habitació, tanca la porta, deixa encès només el llum de la tauleta i, amb pessigolles a les puntes dels dits, treu de la motxilla la postal d'una caravana travessant el desert que li balla pel cap tot el dia.

«M'agradaria travessar el desert amb els tamahaqs!», escriu assegut a terra amb un desig molt intens, confiat que no el trobaran a faltar.

La llum que ve de la tauleta de nit s'aprima i en la foscor s'encén, a poc a poc, una claror de cel de primera hora del matí. Una alenada d'aire li porta olors noves i té a tocar una bonior de veus i sorolls que no reconeix, com si només n'estigués separat per una paret molt fina. «Una tenda...?» Prova d'orientar-se en la penombra.

Un marrec de pell negra, cabells rapats per damunt de les orelles i cresta al mig s'incorpora de sobte al seu costat amb ulls de son. Alertat per l'enrenou que els arriba, s'aixeca de pressa i agafa d'un salt un bot per a l'aigua. En veure l'Adrià encantat, li'n posa un altre a les mans i l'estira fora de la tenda, fent-li entendre amb un gest expressiu de mans i cara que s'està fent tard.

El sol tot just apunta a l'horitzó, dibuixant a la sorra ombres allargassades. Però al campament tothom s'afanya a carregar i abeurar els camells. Enganxat al vailet, esquiva cohibit els homes de pell morena amb túnica clara i un mocador blau fosc que només els deixa al descobert els ulls. I es troba,

abans de poder-s'hi rumiar ni poc ni gaire, davant d'un pou obert a terra amb una corriola suspesa de tres pals.

—He de pouar aigua?

Es mira interrogant el noi quan la corda llisca avall amb un grinyol de la politja. El vailet, amb una rialla blanca, li ensenya com ho ha de fer.

—Per què no em parles? —Es resisteix a agafar la soga, amb la mosca al nas.

«Apa, va!» Li posa la corda a les mans, sense deixar anar paraula. Un home gran els mena pressa assenyalant els bots. El noi li contesta amb un gest. «Ara mateix acabem.» Llavors, l'Adrià entén per què no li diu res.

—Ostres, no me n'havia adonat... —Poua torbat.

«Parla'm de cara i més a poc a poc. Si no, no et puc llegir els llavis», li fa un senyal amb els dits i l'ajuda a tombar l'aigua. «Una vegada tu i una jo», li ensenya amb l'índex, i li agafa la corda.

Amb els bots plens, el bestiar abeurat i la càrrega assegurada, enfilen el camí del desert muntats en camells de caminar tranquil. L'oasi de la sal i els dàtils brilla darrere seu, verd, rosa, gris clar i torrat.

La caravana dels homes blaus s'estira com un cordill, travessant les dunes de color canyella. Ell un més amb túnica fosca i mocador blanc. El sol s'encén amb força i el vent calent asseca la boca i crema els llavis. Cada duna, una muntanya. N'aconsegueixen el cim i n'apareixen mil més. Per menjar, un grapat de dàtils. D'aigua, només una mica. És escassa i de pou a pou hi ha molt de camí.

A l'horitzó, brilla com si fos de coure la paret de pedra que talla les dunes. Quan hi acampen al vespre, resplendeix sota el cel violeta tota daurada de sol ponent. Paren el campament. I quan s'asseuen en rotllana a beure te escumós, l'Adrià descobreix el color blau de la pell dels homes del desert al voltant dels seus ulls.

«Vine.» El vailet el fa asseure a prop de l'home més vell. Tothom s'aquieta per escoltar-ne la veu. La veu dels tamahaqs que saben els secrets del desert.

Explica, amb veu rogallosa i fonda, que en algun lloc, a la sorra, hi creix el bosc dels arbres de pedra, l'únic que queda de quan el desert era tot verd de plantes, l'aigua hi corria, i podien caçar-hi els homes i els animals. I que la gran roca que tenen a tocar, que de dia han vist de lluny i de nits s'apaga, guarda un secret que fa perdre els que s'hi deixen enlluernar.

Callats al costat del foc, escolten com l'aire xiula amb un so que s'assembla molt a les paraules dels tamahaqs.

—És la veu de la dona de pedra —explica l'home vell—, que s'amaga en aquestes roques i governa el vent. La dona que aixeca tempestes de sorra per encegar els viatgers i esborrar els camins.

«No pot fer mal a ningú una cosa tan bonica...» L'Adrià s'adorm prop de la paret imponent, encara amb el gust una mica salat de la llet de camella amb gra de mill que li ha portat el seu amic.

«Què...?!» Algú li estira la roba. Una mà li tapa la boca i el blanc dels ulls del seu company es retalla en la fosca. «Anem!» Li assenyala una ombra ajupida. Amb les natges estretes de por i la curiositat bategant-li al pols, s'arrosseguen fins a un noi una mica més gran que els espera i s'esquitllen tots tres cap a la paret de roca.

El vent i la sorra hi han buidat un laberint de passadissos descoberts. S'escolen per un, s'hi estiren de panxa enlaire i recuperen l'alè, amb els ulls clavats en la nit esponjada d'estels. Un aire fi giragonsa per forats i escletxes. L'Adrià, l'esquena a la terra i el cor al firmament, veu com la dona de pedra fa ballar les estrelles a la volta del cel, xiuxiuejant-los paraules que només coneix ella.

El desperta de matinada la xerradissa dels ocells. Està estirat tan llarg com és al costat del llit, amb la postal sota una galta i el llum de la tauleta de nit encès. Tanca la finestra amb els ulls mig clucs, apaga el llum i, tapat amb el llençol, agafa el son per no deixar-lo fins a mig matí.

19

UNA EN BLANC

L'Adrià torna de vacances amb un rau-rau a l'estómac. Només li queda la postal en blanc.

«Què hi vols escriure, darrere una fotografia en blanc!» L'agafa una vegada i una altra per si en descobreix algun secret amagat. Però res de res. La posa lluny, a tocar del nas, a contraclaror, la frega amb la punta dels dits... Sense cap resultat.

Cada vegada que agafa el paquetet per treure'n la postal, gairebé es mira amb una mica de malícia el senyor de la cortina de la fotografia del davant, que ara ensenya una sala amb el sostre buit dels seus desitjos penjats.

«Potser algun dia em tornaran a sorprendre.» Reviu cada aventura que li han portat el camaleó, la bicicleta, el palau daurat, la cova, els nens del camp d'arròs, el far, el narval…, clavats al tauler de suro, amb por que tornin sense remei els dies llargs i pansits.

Des que és a casa, en Marc no dóna senyals de vida. Tampoc no li arriba res de l'Ester, que ha anat a passar uns dies amb el pare, la mare i el seu germà a l'apartament dels avis a Vilanova. «Aviat s'acabaran les vacances.» Frisa perquè comenci l'escola.

La Clara l'atrapa més d'una vegada vigilant el cel.

—No en cauen pas cada dia, de coses del cel —li fa broma.

L'Adrià s'apuja les ulleres i no diu res.

—Com va amb la bicicleta?

—Al garatge. Fins que no vegi en Marc…

—Vés a saber si el pare i la mare no et sorprenen amb alguna cosa més. —Assenyala les postals.

—De segur que ni se'n recorden. Ja només tornen a pensar en la feina.

—Ja has comprovat que no és ben bé així. —La Clara es posa seriosa—. I aquesta? —Treu la postal en blanc de sobre una pila de llibres i se la frega una mica als pantalons bombatxos per treure'n la pols—. Té. Encara la perdràs.

—Només és una postal en blanc. —L'agafa amb desgana.

—No se sap mai... —Es gira riallera i les arracades d'anella a joc amb la camiseta de color de vi li fan un vaivé petit.

—Pots comptar... —fa el desmenjat.

—Tu mateix. —Se'n va amb un punt de murrieria als ulls.

Una tarda que l'avorriment quasi l'ofega, s'encanta, dret darrere de la finestra oberta de l'habitació, en uns núvols molsuts i grisos que enfosqueixen el cel blau. S'aguanta el cap amb el braç esquerre recolzat al marc i a la mà dreta té la postal en blanc, amb les vores una mica rosses de tant agafar-la.

«Si pogués tornar a veure el globus!» Guaita el tros de cel que es va tapant.

El pet sec de la porta el fa saltar alhora que un bufarut li arrenca la postal dels dits. Li va ben just d'arreplegar-la sota la mà plana damunt l'ampit abans que la ventada se l'emporti volant.

—Sort! Just a temps! No sé pas què hauríem fet si se t'hagués escapat.

L'Adrià mira d'una peça fora la finestra amb els ulls esbatanats.

A dos pams del nas, suspès dins la cistella del magnífic globus de colors, li pica l'ullet l'home vestit de negre de la fotografia del

paquetet de postals, posant-se bé els quatre cabells blancs que li volten la calba.

Té els ulls vius, un nas tafaner, recte i llarg, i un rosat de galtes saludable. Porta la mateixa mena d'americana i els mateixos pantalons, estrets de les cuixes fins a sota els genolls, de la fotografia que ha vist tantes vegades. Però va una mica pengim-penjam. Duu les mànigues arremangades, el vestit negre força polsós, els primers botons de la camisa d'un blanc torrat descordats, se li veu algun forat a les mitges i, en comptes de la corbata, s'ha lligat al coll un mocador vermell amb piquets blancs.

Un tros de cel enlaire, vola un altre globus de color taronja i blau fosc tan espectacular com el que té al davant.

—Com anem? —L'home somriu i es frega quatre gotes de pluja que li esquitxen la roba.

És força alt i una panxa generosa li fa tibar l'armilla. Sembla gran, encara que no li sabria endevinar l'edat.

—Jo, bé... I vostè? —contesta amb un nus a la gola.

—Tracta'm de tu, vailet. Fa temps que ens coneixem! —Riu amb posat murri.

Abans que l'Adrià hagi pogut contestar, espia dins l'habitació per la finestra i assenyala, amb una ullera de llarga vista que aguanta amb els dits llargs i prims, la fotografia del camaleó clavada al bell mig del tauler del suro.

—És guapo, no?

—És magnífic!

—El millor que et vaig aconseguir! I què? Com ha anat? Hi ha hagut una mica d'emoció, eh? —Escampa la vista per les postals.

—Bufa...!

—No tenies ganes de veure el món?

—Sí. —Somriu, però arronsa les celles de seguida—. I tu com ho saps? —pregunta intrigat.

—Fa molt temps que deixes escapar desitjos. Jo només els he anat pescant...

L'Adrià rumia com s'ho deu fer per pescar desitjos. I de quina manera havia esbrinat la seva adreça i el seu nom. Però amb tot el que li ha passat des del dia que va veure el globus, això deu ser una cosa ben simple per a l'home amb mitges i mocador vermell al coll, que té al davant. Llavors, una altra cosa el burxa: la Clara, què en sap?

—No estava ben segur que ho desitgessis de debò... —L'home riu i, fent un gest amb la ullera de llarga vista, encercla les postals.

—Home... —despista per no confessar-li el cangueli que va passar amb les primeres postals—. Però se m'han acabat.

—I doncs? Encara tens les mateixes ganes d'explorar tots els racons del món?

—I tant! —No s'hi pensa gens.

—N'estava ben segur! —Li penja al coll la ullera de llarga vista sense donar-li temps a evitar-ho.

Llavors li assenyala el globus taronja i blau suspès al cel, quasi a tocar.

—Doncs ja ho saps. No has de fer res més que mirar-te'l amb un desig molt gran i enfilar-t'hi dalt!

—Cal això? —fa engavanyat per aquell estri que li arriba al melic.

—Home, has de poder veure on et fiques! —Obre el cremador perquè s'escalfi l'aire i s'envola cel amunt—. No vull que m'atrapi la tamborinada! Vigila que amb el vent no se t'escapi —li crida abans de fondre's darrere un cap de núvol indicant-li la postal que pressiona amb la mà sobre l'ampit de la finestra.

L'Adrià abaixa els ulls. Quan els aixeca de nou, suspès a fora no hi ha res més que el vol d'un pardal que s'aixopluga de la tempesta sota un ràfec. Agafa fort la postal i tanca la finestra d'una revolada.

Un globus taronja i blau fosc impressionant omple tota la superfície en blanc, amarrat a un pam de terra amb un parell de cordes.

«Vés a saber si l'Ester hi voldrà pujar.» Guarda la postal amb la ullera de llarga vista en un bon amagatall.

Ha escrit i ha dibuixat...

Maria Àngels Juanmiquel

Vaig néixer a prop del mar, a Palafrugell, un poble del Baix Empordà. Ara fa temps que visc a Fontcoberta, al Pla de l'Estany, una comarca amb camps planers i ben treballats, petites serres amb boscos i un estany preciós que li ha donat el nom.

M'ha agradat sempre llegir, voltar, badar, escoltar històries i inventar-ne. Penso que el nostre voltant és ple de persones i coses molt més interessants del que semblen a primer cop d'ull. I si a vegades no és ben bé com voldríem, sempre ens el podem imaginar d'una altra manera, amb els personatges i els fets més extraordinaris.

També m'encanten les paraules. És bonic escoltar com sonen, descobrir que hi ha una manera de dir per a cada cosa i que, amb un grapat de paraules ben triades, una mica d'imaginació i una mica de paciència, es poden dir coses ben maques. Potser per això m'agrada escriure i ensenyar llengua i literatura a alumnes de secundària.

Sempre m'ha agradat llegir, perquè, a més de passar-m'ho bé, aprenc. I també m'ha agradat sempre escriure. Un dia em van publicar el primer llibre. D'aquest n'han vingut altres i algun premi. Escrivint, les hores em volen i voldria tenir encara més temps per jugar amb la imaginació i les paraules.

Lucía Serrano

Vaig néixer a Madrid l'any 1983. Quan era molt petita, els meus pares ens explicaven contes abans d'anar a dormir, a la meva germana i a mi. Aleshores vam aprendre a llegir i ens explicàvem els contes els uns als altres. A partir d'aquell moment vaig començar a devorar llibres i vaig decidir que, quan em fes gran, seria contista. Però contista de les que expliquen contes tant amb paraules com amb imatges. Així que, quan vaig fer divuit anys, vaig començar a estudiar la carrera de Belles Arts i, en acabar la carrera, em vaig traslladar a viure a Barcelona. Algú m'havia dit que era una ciutat de conte. I va resultar que era realment cert, i aquí continuo vivint després de tres anys.

Al llarg d'aquest temps he après molt d'alguns grans mestres de la il·lustració i he pogut publicar els meus primers contes, dos dels quals han guanyat premis: *El día que olvidé cerrar el grifo* va obtenir l'any passat el premi Princesa de Éboli, convocat per Anaya, i *¡Qué niño más lento!* va guanyar no fa gaire el premi Orilla del Viento, del Fondo de Cultura Económica.

I vet aquí un gos, i vet aquí un gat..., i vet aquí que el conte ja ha començat.